Katrin Specht

Wir sind *schwanger*

Inklusive
Checkliste für eine sichere Schwangerschaft
& Lebensmittelliste für **die richtige Ernährung** während der Schwangerschaft

Das Schwangerschaftsbuch
für Paare mit einem Kinderwunsch

1. Auflage
Deutsche Erstauflage 11/2019

Printed in Germany

Einleitung

> *Und jedem Anfang wohnt ein Zauber inne*
>
> **Hermann Hesse**

Eine Schwangerschaft ist wohl eines der schönsten Erlebnisse, was Dir in Deinem Leben widerfahren wird. Eine spannende und aufregende aber vor allem auch eine emotionale Zeit mit vielen Höhen und Tiefen steht vor Dir – eine Zeit, die Dein Leben grundliegend verändern wird.
Schon bald wird ein kleines Lebewesen Tag für Tag dein Leben erhellen und Du wirst die wohl schönste Zeit Deines Lebens mit Deinem kleinen Baby durchleben – Hand in Hand.

Sobald Dein Baby erst einmal da ist trägst Du Dein Herz nicht mehr nur noch in Dir, sondern von nun an schlägt es außerhalb Deiner Brust – in Form Deines kleinen Babys, welches Du durch sein gesamtes Leben begleiten wirst.
In diesem großen Schwangerschaftsratgeber erwarten Dich alle Informationen, die Du für Deine Schwangerschaft und die Zeit mit Deinem Baby benötigst.
Aufgeteilt in sechs spannenden Kapiteln findest Du alles rund um die Themen Anzeichen und Risiken einer Schwangerschaft, die

richtige Vorbereitung, Gesundheit, Beziehung und Sexualität, die Geburt und alles, was dazu gehört sowie Finanzen.
Angefangen bei den ersten Anzeichen, durch die sich Deine Schwangerschaft ankündigen kann über die ersten körperlichen Veränderungen bis hin zu Außeneinwirkungen inklusive ihrer Auswirkungen auf eine Schwangerschaft.
Von Vorsorgeuntersuchungen über Checklisten bis hin zu Impfungen; von der Schwangerschaft des Kindesvaters über die Sexualität bis hin zum Verreisen innerhalb der Schwangerschaft; von der Hebamme über die Kliniktasche bis hin zur Entbindung und von der Berufstätigkeit in der Schwangerschaft über die Finanzplanung bis hin zu hilfreichen Tipps um Geld zu sparen.
In diesem Ratgeber gibt es Nichts, was es nicht gibt. Mach Dich gefasst auf eine Reise durch neun Monate, neun Monate voller Aufregung, Liebe und Spannung.

> *Ein Baby ist ein glucklicher Wimpernschlag der Ewigkeit*
>
> **Graham Greene**

Inhaltsverzeichnis

Anzeichen und Risiken

Jede Schwangerschaft steht in Verbindung mit ersten Anzeichen, welche die Schwangerschaft ankündigen und jede Schwangerschaft ist mit vielen Risiken verbunden. Wenn Du die Anzeichen kennst, lernst Du sie zu deuten und wenn Du Dir über die Risiken einer Schwangerschaft bewusst bist, kannst Du viele von ihnen bereits von Beginn an umgehen.

Die ersten Schwangerschaftsanzeichen

Die ersten Schwangerschaftsanzeichen machen sich etwa rund sieben bis zehn Tage nach dem Eisprung bemerkbar, also erstmals frühestens in der vierten Schwangerschaftswoche, welche letztlich der zweiten Woche nach der Befruchtung der Eizelle ist. Zu diesem Zeitpunkt findet darüber hinaus die Einnistung der befruchteten Eizelle statt, was zur Produktion des HCG, einem Schwangerschaftshormon führt.

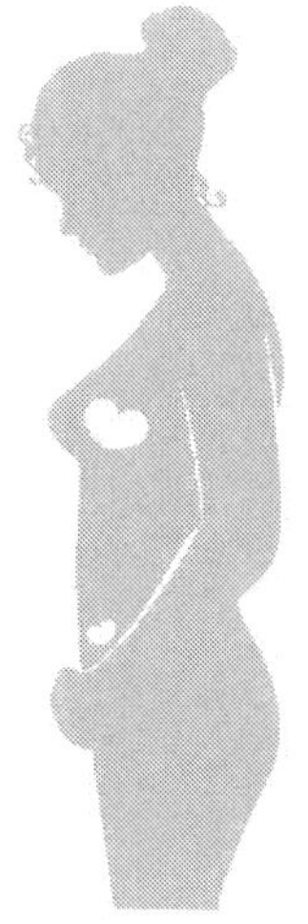

Auch, wenn die ersten Anzeichen sich erst ab diesem Moment einstellen, können Frauen, die sich selbst und ihren eigenen Körper sehr gut kennen, bereits in den frühen Wochen der Schwangerschaft erste, wenn auch noch recht unsichere und eher subjektive Anzeichen erkennen.
Ein Schwangerschaftstest kann jedoch erst als aussagekräftig gewertet werden sobald dieser gemacht wird, wenn die Periode ausbleibt.
Grundsätzlich lassen sich die Schwangerschaftsanzeichen jedoch in drei Kategorien einordnen – so gibt es unsichere, wahrscheinliche sowie sichere Anzeichen, welche auf eine Schwangerschaft hindeuten.

Wichtig zu wissen ist bei all diesen Symptomen, dass sie stets auch in einer anderen Ursache begründet sein können und somit nicht zwingend eine Schwangerschaft ankündigen. In vielen Fällen kann es sogar zu Verwechslungen mit den normalen Symptomen innerhalb der zweiten Zyklushälfte kommen.
Allgemein lässt sich jedoch feststellen, dass nicht alle Frauen gleichermaßen unter denselben Anzeichen einer Schwangerschaft leiden und diese auch von Frau zu Frau ganz individuell empfunden werden kann – somit können die Symptome bei einer Frau ausgeprägter sein als bei der anderen. Wie stark die Anzeichen sich bemerkbar machen, sagt jedoch im Grunde genommen nichts über den weiteren Verlauf der bestehenden Schwangerschaft aus.

Unsichere Schwangerschaftsanzeichen

Unter unsicheren Anzeichen einer Schwangerschaft werden jene verstanden, die bereits in den ersten Wochen einer möglichen Schwangerschaft auftreten.
Zu den unsicheren Schwangerschaftsanzeichen lassen sich die folgenden Symptome zählen:

» Die Brüste werden empfindlicher

In der weiblichen Brust kann es zu einem Spannungsgefühl kommen. Frauen nehmen eine Vergrößerung ihrer Brust und ein deutliches Anschwellen wahr, während die Brustwarzen deutlich empfindlicher gegenüber Berührungen werden bis hin zu nicht selten auftretenden Schmerzen. Zudem können die Brustwarzen sich in ihrer bisherigen Form verändern, größer werden und sich aufgrund einer verstärkten Pigmentierung dunkler färben als bislang.
Unter empfindlicheren Brüsten leiden rund 70 bis etwa 80 Prozent aller schwangeren Frauen, wobei dieses Symptom sich bereits nach circa einer Woche nach dem Ausbleiben der Periode einstellen kann. Nur in seltenen Fällen stellt sich dieses Symptom bei Frauen ein, die bereits einmal gestillt haben.

» Es treten leichte Schmierblutungen auf.

Leichte Schmierblutungen, welche auch als Spotting bekannt sind, können sich bei vielen Frauen bereits fünf bis etwa zehn Tage nach ihrem Eisprung einstellen sofern die Eizelle befruchtet ist und sich in die Gebärmutter einnistet. Bezeichnet wird diese Schmierblutung oftmals auch als Nidationsblutung.

Die Schmierblutung stellt sich somit etwas früher ein als eine Normale Periodenblutung und besteht in den meisten Fällen lediglich aus wenigen Tropfen oder Schlieren mit einer hell- bis dunkel roten Färbung. Entgegen der Periodenblutung wird sie nicht im Verlauf der Zeit intensiver, sondern bleibt immerzu gleich schwach.

» Es stellt sich ein milchiger, weißer Ausfluss ein.

Meist lässt sich bereits zwei Wochen nach der Befruchtung ein milchiger, weißer Ausfluss feststellen. Ausgelöst wird der Ausfluss durch eine stärkere Durchblutung, allerdings sollte er unter keinen Umständen einen unangenehmen Geruch mit sich bringen.

» Es können Bauchkrämpfe auftreten.

Nicht selten kommt es zu Bauchkrämpfen, welche den Krämpfen innerhalb der normalen Periode nahekommen oder auch als Zieher im Beckenbereich wahrgenommen wer-

den. Meist treten die Bauchkrämpfe bereits in der Frühschwangerschaft auf. Ausgelöst werden die Bauchkrämpfe dadurch, dass die Gebärmutter versucht, sich richtig in Deinem Becken einzustellen. Deine Beckenknochen wirken jedoch zu diesem Zeitpunkt noch nicht stützend auf Deine Gebärmutter ein. Darüber hinaus kann Deine Uterus- Durchblutung stärker sein als sonst.
Durch die somit einwirkende Belastung Deines Halteapparats, also Deiner Mutterbänder, entstehen kontraktionsartige Schmerzen, welche Du in Form eines Ziehens wahrnehmen kannst.
Diese Schmerzen können sich unter Umständen während körperlicher Anstrengungen, einer Lageveränderung im Liegen oder auch eines Orgasmus verstärken.

» Es kann zu starker Müdigkeit kommen.

Gerade in der Frühschwangerschaft lässt sich bei vielen Frauen feststellen, dass sie vordergründig in den ersten acht bis zehn Wochen ihrer Schwangerschaft von einem dauerhaften Gefühl der Erschöpfung begleitet werden.
Begründet liegen diese Erschöpfungszustände in den vielen Stoffwechselveränderungen, welche der Körper innerhalb einer Schwangerschaft durchläuft. Die Konzentration Deines Körpers liegt in dieser Zeit vor allem darauf, Dein Baby wachsen zu lassen.
Das Gefühl der Müdigkeit verschwindet dann in den meisten Fällen nach etwa zwölf Wochen wieder.

» Schwindelgefühle können auftreten.

Der Körper einer jeden Frau befindet sich während der Schwangerschaft in einem enormen Wandel, bei welchem er eine wahre Schwerstarbeit leistet. Um die Plazenta aufbauen zu können benötigt der Körper eine enorme Menge Blut, somit nimmt auch das im Blut enthaltene Plasma, also der flüssige Anteil innerhalb des Blutes, um etwa die Hälfte des Volumens zu, was schlussendlich zu verdünntem Blut führt.
Durch dieses kann es folglich zu Blässe und Ermüdungserscheinungen kommen. Des Weiteren kann auch ein Blutdruckabfall resultieren, was zu leichten Schwindelgefühlen führen kann.

» Der Körper wird stärker durchblutet.

Eine Schwangerschaft kann sich auch durch aufgrund der Kombination der stärkeren Durchblutung und abnehmenden Gefäßspannung entstandenen Krampfadern oder auch erweiterten Gefäße sowohl im Gesicht als auch im Genitalbereich und Nagelbett bemerkbar machen.
Jedoch bringt eine bessere Durchblutung für viele Frauen einen angenehmen Nebeneffekt mit sich, denn in vielen Fällen werden durch diese auch zeitgleich die Gesichtszüge deutlich weicher und der Teint der Haut rosiger.

» Es kommt zu einem spürbareren Herzklopfen.

Ein Anzeichen für eine bestehende Schwangerschaft kann auch ein stärkerer Puls sein, welcher selbst in den Fingerspitzen deutlich wahrzunehmen ist.
Der Anstieg der Herzfrequenz lässt sich vor allem dadurch erklären, dass das Herz im Laufe der Schwangerschaft und dem damit verbundenen Wachstum des Babys eine immer größere Menge an Blut transportieren muss.
Oftmals besteht zeitgleich ein zu geringer Blutdruck.

» Es stellen sich Übelkeit und Erbrechen ein.

Übelkeit ist ein typisches Anzeichen für eine Schwangerschaft, unter welchem viele Frauen leiden. In manchen Fällen stellt sich die Übelkeit bereits vor dem eigentlichen Ausbleiben der Periode ein – in den meisten Fällen geschieht es jedoch erst etwa zwei Wochen danach, sprich zwischen der sechsten und zwölften Schwangerschaftswoche.
Vorrangig tritt die Übelkeit in den Morgenstunden auf, sie kann jedoch auch zu jeder anderen Tages- und auch Nachtzeit aufkommen.
Im Normalfall vergeht die Übelkeit mit dem Ablauf des dritten Schwangerschaftsmonates und somit dem Ende der Embryonalphase. Nur in seltenen Fällen hält die Übelkeit über den gesamten Verlauf der Schwangerschaft an.

» Es wird mehr Speichel produziert.

Eine erhöhte Speichelproduktion stellt kein wirklich negativ ausgeprägtes, sondern eher ein harmloses Anzeichen für eine Schwangerschaft dar, kann jedoch durchaus als sehr lästig empfunden werden. In der Schwangerschaft kommt die stärkere Speichelproduktion oftmals in Verbindung mit der Übelkeit zum Vorschein.

» Es treten vermehrt Heißhungerattacken oder gegenteilig Ekel vor bestimmten Lebensmitteln auf.

Eines der wohl bekanntesten Anzeichen für eine Schwangerschaft sind die auftretenden Heißhungerattacken und auch Ekelmomente vor bestimmten Lebensmitteln. Die sich einstellenden Heißhungerattacken beziehen sich dabei in vielen Fällen jedoch auf äußerst sonderbare Essenskombinationen, wobei der allgemein erhöhte Appetit grundsätzlich recht typisch für die erste Zeit einer Schwangerschaft ist. Dies liegt vor allem daran, dass der Körper einen höheren Energiebedarf hat, welcher durch die Heißhungerattacken versucht wird, gedeckt zu werden. Die sonderbar erscheinenden Essenskombinationen lassen sich durch die Hormonflut begründen, welche die schwangere Frau überkommt und ihren Geschmackssinn infolgedessen vollkommen verändern kann. Somit werden oftmals auch Lebensmittel als nicht mehr besonders appetitanregend empfunden, welche vorher zu den

Lieblingsspeisen gezählt haben – ein Verzicht auf Süßigkeiten ist dabei nicht selten zu erkennen.

Darüber hinaus kann es auch zu einem metallisch anmutenden Geschmack im Mund kommen und eine Abneigung gegenüber Alkohol und dem Rauch von Zigaretten stellt sich in vielen Fällen zeitgleich ein.

» Die Geruchsnerven werden empfindlicher.

Ein weiteres Anzeichen, welches sich mit einer eintretenden Schwangerschaft abzeichnen kann ist die plötzliche Empfindlichkeit gegenüber vorher als angenehm empfundenen Gerüchen wie beispielsweise dem Lieblingsparfüm. Selbst Gerüche, die lediglich als nicht störend empfunden wurden können nun als unangenehm wahrgenommen werden.
In vielen Fällen können Schwangere den Duft von frisch aufgebrühtem Kaffee nicht mehr riechen, das Aroma von Alkohol oder Käse wird als unangenehm angesehen und auch der Geruch von rohem Fleisch kann nun bei schwangeren Frauen eine Abwehrreaktion hervorrufen.

» Es stellen sich Stimmungsschwankungen ein.

Schwangere Frauen werden nicht selten besonders empfindlich gegenüber allen Dingen, die um sie herum geschehen. Somit können selbst die kleinsten Aussagen vollkommen falsch interpretiert werden und die Traurigkeit sowie Niedergeschlagenheit und auch Momente, in denen sie den Tränen

nahe sind oder aber plötzliche Gefühlshöhen gehören nicht selten zu den aufkommenden Stimmungsschwankungen. Schwangere Frauen fühlen sich oftmals wie in einer emotionalen Achterbahn, in der ein Tief das nächste jagt gefolgt von plötzlichen Höhen – ein wahres auf und ab der Gefühle stellt sich ein.
Durch die hormonellen Veränderungen, die mit der Schwangerschaft einhergehen, können zudem ab der etwa sechsten Woche der Schwangerschaft Beschwerden sowie Verstimmungen auftreten, welche dem prämenstruellen Syndrom sehr nahekommen.
Letzteres, kurz auch als PMS bekannt, beschreibt die sogenannten „Tage vor den Tagen“, also den wenigen Tagen kurz vorm Eintreten der Periode.

» Es kommt zu einem stärkeren Harndrang.

Viele schwangere Frauen plagt schon etwa ein bis zwei Wochen nach dem Ausbleiben der Periode das Gefühl eines starken Harndrangs, sodass sie gezwungen sind, die Toilette öfter aufzusuchen.
Verantwortlich dafür sind die stärkere Durchblutung des Unterleibs, welche nach der Einnistung der befruchteten Eizelle eintritt, sowie die mit der Schwangerschaft verbundenen hormonellen Veränderungen. Vor allem das in der Schwangerschaft produzierte Hormon Progesteron ist für die Entspannung der Blasenmuskulatur verantwortlich.

Im späteren Verlauf der Schwangerschaft sorgt die wachsende Gebärmutter für den starken Harndrang, welcher die Schwangere plagt.

» Es stellen sich Verstopfungen ein.

Bereits in den ersten Wochen der Schwangerschaft kann es zu Problemen mit der Verdauung kommen. Verursacht wird auch dieses Schwangerschaftsanzeichen durch die verstärkte Produktion des Hormons Progesteron. Dieses sorgt schlussendlich für eine Entspannung der glatten Muskulatur, welche auch die Darmmuskulatur umfasst, sodass das heranwachsende Baby selbst bei jeglicher Erschütterung oder Kontraktion in der Gebärmutter geschützt ist.

» Blähungen sowie Magenbrennen treten auf.

Ein weiteres Anzeichen für eine bestehende Schwangerschaft, welches sehr typisch ist, sind Blähungen und auch Magenbrennen. Auch hier wird beides durch die Schwangerschaftshormone verursacht.

» Es lassen sich erste Anzeichen hormoneller Veränderungen erkennen.

Eine Schwangerschaft geht mit einem großen hormonellen Umschwung einher, wodurch der gesamte Hormonhaushalt aus dem Gleichgewicht gerät. Im Körper einer schwangeren

Frau werden nun unterschiedliche plazentare Hormone wie das HCG, HPL, Östrogene aber auch Progesteron sowie verschiedene mütterliche Hormone wie Aldosteron, Cortison und Cortisol, FSH, Insulin, LH, Oxytocin, Parathormon, Prokalin, Schilddrüsenhormone, das Somatotropes Hormon oder auch Vasopressin produziert. Sie alle wirken sich auf ihre jeweiligen Zielorgane aus. Letztlich handelt es sich bei all diesen Hormonen jedoch um Botenstoffe, welche sich sowohl positiv als auch negativ auf die Entwicklung des Kindes auswirken können. Bei schwangeren Frauen lassen sich auch äußerliche Veränderungen feststellen, welche durch die Hormonproduktion hervorgerufen werden.

» Veränderungen an der Haut:

Auf der Haut lässt sich gerade im Bereich um die Brustwarze herum sowie im Schambereich eine verstärkte Pigmentierung feststellen. Auch auf der Bauchdecke zeichnet sich unter Umständen eine senkrechte Linie ab. Im Gesicht können Pigmentflecken auftreten aber auch Akne kann entstehen beziehungsweise stärker werden.

» Veränderungen des Herz-Kreislauf- Systems:

Durch die Zunahme des Blutvolumens kommt es zu einer Verdünnung des Blutes, darüber hinaus lässt sich ein verstärktes Herzminutenvolumen feststellen, was bedeutet, dass sowohl das Schlagvolumen des Herzens zunimmt als auch die Steigerung seiner Frequenz erkennbar wird. Gerade in den ersten sechs Schwangerschaftsmonaten kommt es zu einem niedrigeren Blutdruck als gewöhnlich. Außerdem nimmt der Venendruck ab, was eine Neigung zu Krampfadern und Thrombose entstehen lässt.

» Das Gewicht steigt an.

Eine schwangere Frau nimmt in den ersten Schwangerschaftsmonaten etwa einen halben bis zwei Kilogramm an Körpergewicht zu. Wie stark eine gesunde Körpergewichtszunahme im Fall einer eingetretenen Schwangerschaft ist, ist individuell und sollte mit dem Gynäkologen besprochen werden.

» Die Haut kann beginnen zu jucken.

Gerade, wenn die Haut beginnt sich zu dehnen, kann es schnell geschehen, dass sich ein Juckreiz ausbreitet. Vor allem am Bauch und an den Oberschenkeln einer schwangeren Frau ist Juckreiz keine Seltenheit. Umso wichtiger ist es zu vermeiden, sich an den betroffenen Stellen wund zu kratzen und anstelle dessen auf eine Feuchtigkeitscreme zurückzugreifen, eine Dusche zu nehmen oder in der Badewanne mit lauwarmen Wasser zu baden, denn bei zu heißem Wasser kann die Haut wiederum austrocknen.

» Es kann zu einer verstopften Nase kommen.

Gerade zu Beginn der Schwangerschaft können die Nasenschleimhäute einer Frau anschwellen und austrocknen, wodurch Nasenbluten auftreten kann.
Deshalb sollten schwangere Frauen bei diesem Anzeichen darauf achten, ihre Nasenschleimhäute stets ausreichend feucht zu halten, dafür können sowohl Luftbefeuchter als auch salzhaltiges Nasenspray, eine Nasendusche oder aber auch das Trinken in ausreichender Menge sorgen.

» Es können Kopfschmerzen auftreten.

Aufgrund des ansteigenden Östrogenspiegels während einer Schwangerschaft können Frauen unter Kopfschmerzen leiden. Neben normalen Kopfschmerzen können auch Spannungskopfschmerzen auftreten, welche gerade durch Stress oder auch die mit einer Schwangerschaft in Verbindung stehende Müdigkeit ausgelöst werden können.

Wahrscheinliche Schwangerschaftsanzeichen

Erst ab dem Zeitpunkt, an dem die Periode ausbleibt, kommen die sogenannten wahrscheinlichen Schwangerschaftsanzeichen hinzu. Auch hier gilt – die auftretenden Symptome können stets auch in anderen Ursachen begründet sein, sodass sie nicht zwingend eine Schwangerschaft prognostizieren.

» Die Periode bleibt aus.

Sobald die monatliche Periode nicht mehr auftritt, scheint es ein ziemlich offensichtliches Anzeichen für eine eingetretene Schwangerschaft zu sein. Jedoch kann eine Periode auch aufgrund anderer Umstände wie beispielsweise durch Stress oder einen recht unregelmäßigen Zyklus ausbleiben.

» Die grundsätzliche Körpertemperatur steigt an.

Gerade Frauen, die ihren eigenen Körper- beziehungsweise Basaltemperatur mittels der Temperaturmethode regelmäßig verfolgen, können schnell erkennen, wenn die Temperatur kurz vor dem eigentlichen Eintreten der Periode nicht wie im Normalfall absinkt. Eine gleichbleibende Körper- beziehungsweise Basaltemperatur von etwa 37,8°C über 18 Tage nach dem Ausbleiben der Periode kann auf eine Schwangerschaft hindeuten.

» Die Brustwarzenvorhöfe nehmen eine dunkle Färbung an.

Bereits im frühen Stadium einer eingetretenen Schwangerschaft, wie dem Ausbleiben der Periode, kann sich der um die Brustwarze herum befindliche Bereich, der sogenannte Areola, dunkel verfärben und vergrößern. Dies soll dem Baby nach der Geburt erleichtern den Weg zur Brustwarze zu finden, wo es seine Nahrung findet.

Begründet sind die Dunkelfärbung und die Vergrößerung des Bereiches um die Brustwarze herum dadurch, dass sich die unter der Haut befindlichen bläulichen Blutgefäße stärker unter der Haut abzeichnen und sich die Hautknötchen auf der sogenannten Areola vermehren und zeitgleich vergrößern.

» Die Vagina sowie die inneren Schamlippen nehmen eine andere Farbe an.

Bei gynäkologischer Untersuchung lässt sich bei vielen Frauen eine augenscheinlich dunklere bis bläuliche Färbung der Vagina und der inneren Schamlippen feststellen.

» Der Gebärmutterhals wird weich.

Ebenfalls bei einer gynäkologischen Untersuchung offenbart sich bei schwangeren Frauen ein weicherer Gebärmutterhals, was auch als sogenanntes Hegar-Zeichen bezeichnet wird.

» Ein Schwangerschaftstest testet positiv.

Schwangerschaftstest können sowohl in Apotheken als auch in Drogerien erworben werden. Grundsätzlich testet ein Schwangerschaftstest den Gehalt des Schwangerschaftshormons HCG, welches sich im frühen Stadium der Schwangerschaft im Blut später dann auch im Urin feststellen lässt. Jedoch muss ein HCG-Wert noch kein zwingendes Anzeichen für eine intakte Schwangerschaft darstellen, in der sich ein zeitgerecht entwickelter Embryo eingenistet hat.

Des Weiteren kann ein Schwangerschaftstest durchaus auch aus unterschiedlichen Gründen fälschlicherweise ein negatives Ergebnis anzeigen – meist ist die Ursache dafür jedoch ein zu geringer HCG-Wert, um den Nachweis für eine vorliegende Schwangerschaft liefern zu können.

Sichere Schwangerschaftsanzeichen

Sichere Schwangerschaftsanzeichen sind dem Grundverständnis nach lediglich Anzeichen, die in einer direkten Verbindung mit dem Kind und seiner Entwicklung stehen. Dementsprechend können sichere Schwangerschaftsanzeichen auch erst eine ganze Weile nach dem Eintritt der Schwangerschaft festgestellt werden.

» Auf dem Ultraschallbild des Gynäkologen lässt sich in der Fruchtblase ein eingenisteter Embryo erkennen.

» Der Embryo weist eine Herzaktion auf.

» Die schwangere Frau kann die Bewegungen des Babys deutlich spüren.

» Die Herztöne des Babys sind mittels Doppler oder Hörrohr zu hören.

» Durch die Bauchdecke der schwangeren Frau lassen sich einige Körperteile des Babys ertasten.

Die Risiken in den ersten Schwangerschaftswochen

Gerade in den ersten Wochen einer bestehenden Schwangerschaft ist diese mit einigen Risiken verbunden.

Eine Schwangerschaft teilt sich grundliegend in drei Trimester ein, sprich dem ersten Trimester von der ersten bis zur zwölften Schwangerschaftswoche, dem zweiten Trimester von der dreizehnten bis zur achtzehnten Schwangerschaftswoche und dem dritten und somit letzten Trimester von der neunundzwanzigsten bis zur vierzigsten Schwangerschaftswoche.

Im ersten Trimester, welches mit dem Einsetzen der letzten Periode vor dem Eintreten der Schwangerschaft beginnt, werden die Weichen für das Baby gestellt. Zu diesem Zeitpunkt ist eine Frau jedoch noch gar nicht von außen offensichtlich schwanger – in ihrem Körper hingegen tut sich einiges. Denn in diesem ersten Trimester ist der Embryo damit beschäftigt sich in der Gebärmutter einzunisten während sich zeitgleich der gesamte Körper der Frau beginnt in eine Phase der Umstellung zu begeben. Eine Schwangerschaft beginnt also rein von der Theorie bereits am ersten Tag der vorangegangenen Periode, wodurch Ärzte demnach eine Schwangerschaft auch über einen Zeitraum von vierzig Wochen, sprich zehn Monaten mit jeweils vier Wochen, zählen. Aus der reinen medizinischen Sicht dauert eine Schwangerschaft somit nicht lediglich neun Monate, sondern ein wenig länger.

Wird eine Frau also schwanger so bekommt sie davon in den ersten zwei Schwangerschaftswochen tatsächlich noch gar nichts mit, denn zu diesem Zeitpunkt hat die Zeugung des Babys noch nicht einmal stattgefunden. Eine Schwangerschaft liegt erst dann wirklich vor, denn die Eizelle während des Eisprungs überhaupt befruchtet wurde – doch genau zu diesem Zeitpunkt befindet sich eine Frau bereits aus medizinischer Sicht in der zweiten Schwangerschaftswoche.
Generell sind die ersten zwölf Schwangerschaftswochen jene, die mit dem größten Risiko einer **Fehlgeburt** einhergehen – letztlich finden zu dieser Zeit etwa 80 Prozent der Fehlgeburten statt.
Diese Fehlgeburten sind jedoch meist nicht auf die Frau und ihr Verhalten an sich zurückzuführen, sondern viel mehr auf Fehlbildungen, welche vorliegen und dem Embryo somit nicht ermöglichen würden sich gut zu entwickeln. Somit entscheidet der weibliche Körper selbstständig diese Schwangerschaft abzubrechen – es handelt sich also um einen Schutzmechanismus, welche die Frau von Natur aus in sich trägt.

Allerdings kann es auch vorkommen, dass Umstände wie beispielsweise Infektionen oder auch Stress maßgeblich dafür sind, dass eine Frau eine Fehlgeburt erleidet.
Jedoch ist es auch tatsächlich so, dass viele Frauen bereits so früh eine Fehlgeburt durchleben, dass sie vielleicht nicht einmal wussten, dass sie überhaupt schwanger gewesen sind und die aufkommenden Blutungen somit lediglich als normale Blutungen wahrgenommen werden.

Faktisch ist es so, dass der Teil an Frauen, die von ihrer Schwangerschaft noch gar nichts gewusst und eine Fehlgeburt erlitten haben, bei rund 50 Prozent liegt. Dieser Prozentsatz sinkt jedoch ab der sechsten Schwangerschaftswoche bis hin zur achten Schwangerschaftswoche auf circa 18 Prozent. Sobald die ersten sechzehn Schwangerschaftswochen überstanden sind liegt das Risiko sogar nur noch bei einer Rate von etwa zwei bis drei Prozent.

Es gibt jedoch auch Schwangerschaften, bei denen es sich nicht um eine reguläre Schwangerschaft handelt, sondern sich eine **Eileiterschwangerschaft** eingestellt hat – auch bei dieser würde, wie bei einer Fehlgeburt, kein Kind entstehen. Um die Gesundheit der werdenden Mutter nicht in Gefahr zu bringen ist es allerdings wichtig, eine solche Schwangerschaft so schnell wie nur möglich zu beenden.

Dennoch ist es möglich, dass werdende Mütter einen Teil dazu beitragen, dass das in ihnen entstehende Leben sich festigen kann und sie die Risiken einer Schwangerschaft soweit wie nur möglich umgehen. Dafür sollte eine werdende Mutter stets darauf Acht geben, sich gesund zu ernähren, um das Risiko der Diabetes zu entgehen und strikt auf Alkohol sowie das Rauchen zu verzichten, um die Entwicklung des Babys nicht negativ entgegenzuwirken.

Die ersten Wochen der Schwangerschaft sind für die Entwicklung der Grundlagen für das Nervensystem des Kindes sehr entscheidend. In dieser Zeit kann es jedoch unter Umständen dazu kommen, dass das Neuralrohr, welches die embryonale Anlage des zentralen Nervensystems darstellt, nicht vollständig geschlossen wird, was dazu führt, dass das Baby mit einem **offenen Rücken** geboren wird.

Dieser ist auch bekannt als Spina Bifida – kann jedoch von Frauen weitestgehend vermieden werden, wenn diese bereits bei einem Kinderwunsch und somit vor der Schwangerschaft beginnen, ergänzend Folsäure zu sich zu nehmen.
Liegt bei einem der Elternteil eine **HIV- Erkrankung** beziehungsweise HIV- Infektion vor, so muss dies kein Grund sein, kein Baby zu bekommen.
In der heutigen Medizin ist es möglich auch ein Kind zu zeugen, ohne den Partner zu infizieren. Welche Methode dabei genau angewendet wird ist allerdings davon abhängig, ob die Frau oder der Mann erkrankt ist. Fakt ist allerdings, dass 99 Prozent der Babys einer HIV-positiven Mutter ohne diese Erkrankung auf die Welt kommen und das Risiko der Ansteckung durch die ärztliche Betreuung sowie Medikamentenverabreichung enorm reduziert werden kann. Dennoch gibt es Hinweise darauf, dass HIV-infizierte Frauen ein höheres Risiko einer Fehl- beziehungsweise Frühgeburt in sich tragen als es nicht erkrankte Frauen tun.
Ein weiteres Risiko, welches in den ersten Schwangerschaftswochen auftreten kann, ist die Fehlfunktion der Plazenta. Die Plazenta ist das Organ, welches für die Nähr- und Sauerstoffversorgung des Babys während der Schwangerschaft zuständig ist.
Das Organ wird in der Gebärmutter gebildet sobald die Schwangerschaft eintritt und verlässt den Körper der Frau während der Geburt in Form des sogenannten Mutterkuchens. Wenn die Pla-

zenta jedoch nicht so funktioniert, wie sie eigentlich sollte und somit eine **Plazentainsuffizienz** vorliegt, so ist nicht nur die Gesundheit des Babys, sondern auch die der Mutter bedroht.

Kommt es also während der Schwangerschaft zu einer **chronischen Plazentainsuffizienz**, welche beispielsweise durch Bluthochdruck oder eine Schwangerschaftsdiabetes hervorgerufen wird, so ist es notwendig, dass die werdende Mutter sich in eine engmaschige ärztliche Betreuung begibt. In den meisten Fällen wird der Frau infolgedessen eine strenge Bettruhe verordnet.
Tritt die Plazentainsuffizienz in akuter Form auf, so kann dies unterschiedliche Ursachen haben. Nicht selten ist ein Blutdruckabfall, Problem mit der Nabelschnur oder auch ein Wehensturm verantwortlich für eine **akute Plazentainsuffizienz**. Tritt diese auf, so versuchen Ärzte das Baby schnellstmöglich auf die Welt zu bringen, was oftmals einen Kaiserschnitt mit sich bringt.

In den ersten Schwangerschaftswochen ist es außerdem möglich, dass die werdende Mutter eine sogenannte **Schwangerschaftsdiabetes** entwickelt, welche mittels einem Diabetes-Test diagnostiziert wird.

Dieser wird im Rahmen der Standardvorsorgeuntersuchung in der Schwangerschaft durchgeführt. Wichtig zu wissen ist, dass die Schwangerschaftsdiabetes auch bei Frauen auftreten kann, welche zuvor nicht von Diabetes betroffen waren.

Die Schwangerschaftsdiabetes, oder auch Gestationsdiabetes, nimmt keine negative Beeinträchtigung auf die Mutter – kann für

das Baby jedoch aufgrund des hohen Blutzuckerwertes durchaus ein Risiko darstellen.
Die Organe eines Babys befinden sich bis zur Geburt in der stetigen Entwicklung, somit sind sie im Mutterleib keineswegs ausgereift, was gerade hinsichtlich der Lunge schwerwiegende Folgen haben kann. Infolge der Schwangerschaftsdiabetes können bei Neugeborenen Atemprobleme auftreten, welche durch rechtzeitige Gegenmaßnahmen weitestgehend vermieden werden können.

Es ist während der Schwangerschaft bereits möglich mithilfe eines Bluttestes frühzeitig herauszufinden, ob tatsächlich eine Schwangerschaftsdiabetes vorliegt, wodurch rechtzeitig die richtigen Gegenmaßnahmen eingeleitet werden können. Die wichtigste dieser Gegenmaßnahmen ist dabei die Normalisierung des Blutzuckerspiegels.

Der Körper verändert sich

Der Körper einer Frau leistet während der Schwangerschaft wahre Wunder – so verändert sich nicht nur sein äußeres Erscheinungsbild, sondern auch im Inneren durchläuft der weibliche Körper eine weitreichende Entwicklung.
Sowohl der Hormonhaushalt als auch das Immunsystem, der Stoffwechsel sowie der Körper an sich sind dazu gezwungen, sich während der Schwangerschaft an ihre Anforderungen anzupassen, um das Wachstum des Embryos überhaupt erst ermöglichen zu können.

Die Steuerungszentrale der Veränderungen ist dabei das weibliche Hormonsystem, welches darüber hinaus auch für die Kommunikation zwischen dem Baby und der werdenden Mutter verantwortlich ist. Sobald die Frau das Baby erst einmal geboren hat, begibt der mütterliche Organismus sich erneut in eine Phase der Umstellung.

Wie genau die Anpassung des Organismus von jeder Frau aufgenommen wird ist vollkommen individuell – genauso, wie auch die Psyche jeder Frau die Veränderungen anders verarbeitet.
Auftretende Beschwerden können bei einigen Frauen von kurzer Dauer sein, während sie sich bei anderen hingegen über die gesamte Schwangerschaft hinwegbewegen.
Allerdings entwickeln sich aus den körperlichen Umstellungen des Körpers innerhalb der Schwangerschaft nur in den seltensten Fällen wirklich ernstzunehmende Erkrankungen, welche in ärztlicher Behandlung betreut werden müssen.

Durch die Schwangerschaft ergeben sich also unter anderem Veränderungen innerhalb des weiblichen **Hormonsystems**.
Die hormonellen Prozesse zur Anpassung des weiblichen Organismus an die Anforderungen der Schwangerschaft werden dabei mit der Befruchtung angestoßen.
Zunächst wird innerhalb dieser hormonellen Veränderungen das Schwangerschaftshormon HCG, fachsprachlich humanes Choriongonadotropin, gebildet.

Dieses lässt sich zu Beginn lediglich im Blut nachweisen, später im Verlauf der Schwangerschaft dann allerdings auch

Neben dem HCG wird zudem die Bildung des Hormons Progesteron angekurbelt sowie die Produktion des weiblichen Geschlechtshormons Östrogen verstärkt. Grundsätzlich sind die Hormone im weiblichen Körper für Aufgaben wie beispielsweise die Einnistung der befruchteten Eizelle in der Gebärmutter zuständig.
Darüber hinaus nehmen die Hormone jedoch auch einen entscheidenden Einfluss auf das Immunsystem, um auf diesem Weg zu vermeiden, dass der Körper der werdenden Mutter den Embryo nicht einfach abstößt.

Außerdem sind die Hormone für die Steuerung der weiteren Wachstumsvorgänge innerhalb der Schwangerschaft verantwortlich.
Neben den hormonellen Veränderungen während der Schwangerschaft einer Frau stellen sich auch Veränderungen im **Herz-Kreislauf- System** ein, da dieses sich auf das Wachstum des Embryos einstellt.
Somit wird die Blutversorgung verbessert, was insbesondere den Gebärmutterbereich betrifft. Dabei verringert sich der Gefäßwiderstand der äußeren Gefäße, was zur Folge hat, dass gerade im ersten Trimester der Blutdruck ein wenig abfällt.

Der Puls wiederum wird um etwa zehn Schläge pro Minute größer, sodass die Durchblutung angeregt wird. Grundsätzlich sind diese Veränderungen im Herz-Kreislauf-System dafür verantwortlich die Energie- und Sauerstoffversorgung des Embryos zu sichern.
Sobald die Schwangerschaft erst einmal kurz vor dem Ende steht, normalisiert sich auch der Blutdruck der schwangeren Frau wieder.

Außerdem steigt der Flüssigkeiten Haushalt einer schwangeren Frau um ganze acht Liter, in denen allein ein bis eineinhalb Liter zusätzliches Blut enthalten ist. Dieses zirkuliert im weiblichen Körper und versorgt den heranwachsenden Embryo ebenfalls.
Aufgrund der erhöhten Blutmenge während der Schwangerschaft muss das Herz der Frau eine größere Blutmenge durch das Gefäßsystem pumpen, wodurch das Herz ein wenig größer wird und auch das Fassungsvermögen des gesamten Gefäßsystems zeitgleich wächst.
Zum Ende der Schwangerschaft kann sich die zusätzliche Flüssigkeit besonders in der unteren Körperhälfte durch Flüssigkeitsansammlungen im Gewebe bemerkbar machen.
Nicht selten sind Ödeme insbesondere Knöchelödeme, welche im Laufe der Zeit auch von selbst wieder gehen und somit keine ernsthafte Erkrankung darstellen, eine Folge. Darüber hinaus können durch die Umstellung des Kreislaufes auch Venenerkrankungen auftreten sofern eine Veranlagung für solche Erkrankungen besteht.
Zu den möglichen Venenerkrankungen zählen beispielsweise Hämorrhoiden und Krampfadern, in seltenen Fällen jedoch auch Thrombosen.

Des Weiteren finden im Verlauf der Schwangerschaft einer jeden Frau auch Veränderungen in der **Lunge**, im **Mund** sowie im **Magen-Darm-Trakt** statt.
Die Schwangerschaft sorgt im späteren Verlauf dafür, dass Teile der Lunge aufgrund des Wachstums des Embryos zusammengedrückt werden. Dies ist auch der Grund für die Atemnot, welche

mehr als die Hälfte aller schwangeren Frauen durch ihre Spätschwangerschaft begleitet.
Im Mundbereich kann sich aufgrund der stärkeren Durchblutung des Öfteren Zahnfleischbluten einstellen. Doch auch die Zähne an sich bleiben von möglicher Karies, welcher durch die starke Speichelproduktion in Verbindung mit einem zu geringen pH- Wert entstehen kann, nicht verschont. Aufgrund dessen ist es für schwangere Frauen umso wichtiger auf eine gründliche Mund- sowie Zahnhygiene Acht zu geben, um auftretenden Zahnschäden vorzubeugen. Die hormonelle Umstellung während der Schwangerschaft sorgt darüber hinaus dafür, dass auch die Muskulatur im Magen-Darm-Trakt betroffen ist. Die Muskulatur nimmt an ihrer Beweglichkeit
ab und die Magenentleerung wird langsamer, wodurch eine Darmträgheit und auch Sodbrennen entstehen können.

Auch der **Stoffwechsel** unterliegt den Veränderungen der Schwangerschaft. Eine schwangere Frau hat einen erhöhten Energiebedarf und benötigt auch eine Vielzahl anderer Stoffwechselprodukte um das Wachstum des Embryos sowie die Neubildung von Gewebe zu ermöglichen, wodurch der Stoffwechsel gezwungen ist, sich anzupassen. Gerade in der ersten Hälfte der Schwangerschaft liegt seine Verantwortlichkeit vordergründig in der Neubildung von Fettgewebe.

Erst in der zweiten Hälfte der Schwangerschaft konzentriert sich der Stoffwechsel dann überwiegend auf das Wachstum des Embryos sowie der Plazenta.

Im Durchschnitt nimmt die Frau so im Laufe ihrer Schwangerschaft etwa 12,5 Kilogramm, eingeschlossen dem Gewicht des Fötus, zu. Außerdem ist es für das Wachstum des Embryos sowie die Versorgung der Plazenta wichtig, dass Glukose aus dem Kohlenhydratstoffwechsel als Energielieferant zur Verfügung steht.

Doch durch die hormonelle Umstellung, welcher die Frau aufgrund der Schwangerschaft unterliegt, kann es gerade im frühen Stadium zu einer erhöhten Empfindlichkeit gegenüber Insulin kommen, wobei zeitgleich die Produktion des Insulins im weiblichen Körper erhöht ist.

Während der Frühschwangerschaft verbraucht der Körper eine höhere Menge an Nüchternblutzucker, was zu einem niedrigeren Insulinhaushalt führt, welcher im zweiten Trimester seinen Tiefpunkt erreicht. Je weiter die Schwangerschaft im Laufe der Zeit voranschreitet, desto unempfindlicher wird der weibliche Körper im Laufe der Zeit gegenüber dem Insulin, wodurch es leicht zu einer Schwangerschaftsdiabetes kommen kann.

Zudem ist in der Schwangerschaft die Produktion von Protein beziehungsweise Eiweiß um rund 1.000 Gramm erhöht. Wichtig ist dies sowohl für das Brustdrüsengewebe, den Embryo, die Gebärmutter und die Plazenta aber auch als Bestandteil des Blutes.

Des Weiteren steigt der Anteil an freien Fettsäuren, die sich im Blut befinden. Begründet liegt das darin, dass der weibliche Körper sich während der Schwangerschaft an den gebildeten Fettdepots als Energielieferant bedient, wodurch folglich auch mehr Glukose für das Wachstum des Embryos zur Verfügung steht.

Der Körper sorgt während der Schwangerschaft darüber hinaus dafür, dass auch ausreichend Kalium, Kalzium, Magnesium, Natrium sowie Zink zur Versorgung verfügbar sind, welche durch einen Stoffwechsel des Elektrolythaushaltes in ausreichender Menge bereitgestellt werden.

Die Grundvoraussetzung für den Elektrolytstoffwechsel ist allerdings eine ausgeglichene Ernährung der schwangeren Frau.
Während der Schwangerschaft können jedoch die körperlichen Eisendepots der werdenden Mutter verarmen, was durch die Neubildung von fetalem und mütterlichem Gewebe bedingt ist, welche den Eisenstoffwechsel enorm belastet.
Doch da Eisen ein wichtiger Nährstoff ist, um rote Blutkörperchen zu bilden, kann ein Eisenmangel folglich zu einer sogenannten Anämie, also einer Blutarmut führen.

Doch auch die weibliche Brust unterliegt den körperlichen Veränderungen innerhalb der Schwangerschaft. Im ersten Trimester der Schwangerschaft wächst das Drüsengewebe und die Brust nimmt generell an Volumen zu, was zu einem Spannungsgefühl in der Brust führen kann.
Auch im zweiten Trimester verändert sich die weibliche Brust weiterhin – die Drüsenzellen in der Brust beginnen damit sich auf die Milchbildung einzustellen. Allerdings tritt in diesem Trimester noch keine Milch aus, da Hormone dies verhindern.
Der Bauch der schwangeren Frau fängt etwa ab der zwölften Woche der Schwangerschaft zu wachsen, sodass sich ab diesem Zeitpunkt bereits eine kleine Wölbung abbilden kann.

Die Gebärmutter der werdenden Mutter beginnt sich in die Phase des Wachstums zu begeben. Die Muskelschicht der Gebärmutter kann während der Schwangerschaft um bis zu zwanzig Mal so groß werden wie sie es im Normalzustand ist, wodurch sie nach etwa zwanzig Wochen bereits die Höhe des Bauchnabels und nach weiteren sechzehn Wochen sogar den Bereich der unteren Rippen erreicht. Und auch die Durchblutung der Gebärmutter nimmt um das Hundertfache zu. Da die Muskelzellen der Gebärmutter während der Geburt einer enormen Belastung unterliegen, stellen sich diese bereits auf die Kontraktionsarbeit während der Wehen ein.

Die Haut der werdenden Mutter kann innerhalb der Schwangerschaft zu einer verstärkten Pigmentbildung neigen, was zu einem generell dunkleren Teint führt.
Von dieser Pigmentierung sind vor allem Körperreiche, die ohnehin recht pigmentreich sind wie beispielsweise den Brustwarzen, den äußeren Genitalien aber auch vorhandene Narben.

Darüber hinaus kann sich am Bauch der schwangeren Frau eine dunkle Linie abzeichnen, welche zwischen dem Brustbein und der Schamfuge verläuft – diese ist auch als sogenannte Linea Fosca bekannt. Etwas oberhalb der Taille hingegen können Blutgefäße sichtbar werden, welche sich rot und in einer spinnenähnlichen Struktur abzeichnen, wodurch sie auch als Spider-Naevus, also Gefäßspinnen, bezeichnet werden.
Allerdings bilden sich die dunklen Pigmentierungen bereits wenige Wochen nach der Geburt wieder zurück. Innerhalb der letzten Schwangerschaftswochen können sich darüber hinaus auch rötliche Schwangerschaftsstreifen am Bauch, an den Brüsten sowie an den Hüften entwickeln, da die Haut an diesen Stellen während der

Schwangerschaft besonders strapaziert wird. Diese verblassen jedoch nach dem Wochenbett und bilden sich zudem deutlich zurück. Des Weiteren kann die Haut während der Schwangerschaft zwei unterschiedliche Formen eines stark juckenden Ausschlages aufweisen – auf der einen Seite stehen dabei die sogenannten pruriginösen urtikariellen Papeln und Plaques, auf der anderen Seite der sogenannte Herpes geostationär.

Ersteres tritt in der Schwangerschaft vor allem in den letzten zwei bis drei Wochen auf, grundsätzlich können sie allerdings auch bereits nach der 24ten Schwangerschaftswoche auftreten.

Wodurch sie ausgelöst werden ist jedoch nicht bekannt.

Letzteres hingegen kann ab der zwölften Schwangerschaftswoche jederzeit auftreten – möglich ist es allerdings auch, dass der Herpes erst direkt nach der Geburt des Babys auftritt. Die Ursache hierfür wird in Antikörpern vermutet, die das eigene Gewebe der Frau angreifen – der Auslöser also eine Autoimmunreaktion ist.

Je weiter die Schwangerschaft voranschreitet, desto mehr wächst auch der Bauch der schwangeren Frau, was sich letztlich auf die Wirbelsäule auswirkt, die das Gewicht der heranwachsenden Gebärmutter ausbalancieren muss.

Aufgrund dessen kommt es nicht selten zu Rückenschmerzen – umso wichtiger ist es, dass die Frau innerhalb ihrer Schwangerschaft nicht mehr schwer hebt, sie lieber in die Hocke geht, anstatt sich zu bücken und sie Acht auf eine gesunde Haltung legt.

Am besten kann sie dies unterstützen, indem sie flache Schuhe trägt, die eine gute Stütze bilden oder Frauen ein leichtes Schwangerschaftsmieder tragen, um den Rücken ein wenig zu entlasten.

Nicht zuletzt wirkt sich eine Schwangerschaft auch auf die Psyche der werdenden Mutter aus, so stellt sie nicht nur ihren Partner sondern auch ihr gesamtes soziales Umfeld vor eine vollkommen neue Lebenssituation, welche zunächst einmal verarbeitet werden muss. Gerade in der Schwangerschaft durchleben schwangere Frauen ein wahres Gefühlschaos mit einem intensiven Wechselbad der Gefühle – sowohl positiver als auch negativer Art.

So gehören Gefühlszustände wie Freude, Vertrauen und Zuversicht genauso zu diesem emotionalen Wechselbad wie auch Angst, Unsicherheit und Zweifel.

Die Entwicklung des Bewusstseins inklusive der körperlichen Veränderungen stellt sich bei schwangeren Frauen bereits im ersten Trimester der Schwangerschaft ein. Während des zweiten Trimesters kann der heranwachsende Fötus von der werdenden Mutter dann bereits deutlich bewusster wahrgenommen werden da die ersten Kindsbewegungen auftreten und auch die ersten Ultraschalluntersuchungen beim Gynäkologen erste Bilder des heranwachsenden Babys zeigen.
Nicht selten entwickeln Frauen gerade zur Mitte der Schwangerschaft ein intensives Wohlgefühl, welches sich jedoch zum Ende der Schwangerschaft erneut in gemischte Gefühlsempfindungen wie Ängste und Unsicherheiten bezüglich der eigenen Gesundheit gepaart mit der Vorfreude auf die gemeinsame Zukunft mit dem Baby wenden kann.

Für Frauen sind während ihrer Schwangerschaft von Verständnis, Vertrauen sowie Zuwendung geprägte emotionale Bindungen besonders wichtig, denn genau solche Beziehungen können der schwangeren Frau dabei helfen die aufkommenden psychischen Veränderungen besser zu verarbeiten. Für schwangere Frauen kann es an dieser Stelle auch hilfreich sein, wenn sie die Begleitung und Unterstützung nicht ausschließlich durch den Partner und ihr persönliches, soziales Umfeld erfahren, sondern sie darüber hinaus auch eine von Vertrauen geprägte Bindung zu ihren betreuenden Ärzten sowie einer Hebamme pflegen.

Bei einigen körperlichen Veränderungen, welche die Frau während ihrer Schwangerschaft durchlebt ist, es jedoch wichtig, dass sie möglichst zeitnah einen Arzt aufsucht, um abzuklären, ob es sich bei diesen Veränderungen unter Umständen um Erkrankungen handelt, welche bei rechtzeitiger Erkennung gut behandelt werden können.
Zu diesen Symptomen gehören austretendes Fruchtwasser, was auch als „Brechen des Wassers" beschrieben wird, anschwellende Hände oder Füße, anhaltende oder auch außergewöhnliche Kopfschmerzen, welche von den normalen Kopfschmerzen abweichen, eine anhaltende Übelkeit beziehungsweise ein damit in Verbindung stehendes Erbrechen, Benommenheit, Blutungen aus der Scheide, jegliche Erkrankung oder Infektion, eine gesteigerte Herzfrequenz, eine schwächer wahrgenommene Bewegung des Fetus, Kontraktionen, Krampfanfälle, aufkommende Schmerzen oder sogar Krämpfe im Bereich des Unterbauches, eintretende Stö-

rungen des Sehvermögens, eine geringere Produktion von Urin sowie das Zittern von Händen oder auch Füßen, was als Tremor bezeichnet wird.

Schwangerschaft im Alter und ihre *Auswirkungen auf das Baby*

Wann eine Frau einen Zeitpunkt als optimalen Zeitpunkt empfindet um Mutter zu werden ist von vielen unterschiedlichen Faktoren abhängig – nicht zuletzt liegt es auch an der Tatsache, dass eine Frau lediglich an höchstens sechs Tagen in einem Monat schwanger werden kann und die Wahrscheinlichkeit einer eintretenden Schwangerschaft somit ohnehin bei lediglich etwa zwanzig bis dreißig Prozent pro Zyklus liegt.

Allerdings ist ein weiterer Faktor auch das Alter, in welchem sich die Frau derzeit befindet. Aus der rein biologischen Betrachtungsweise liegt das optimale Alter für eine Schwangerschaft zwischen zwanzig und neunundzwanzig Jahren, da eine Frau in diesen Jahren ihre fruchtbarste Phase hat.

Auch das Risiko einer möglichen Fehlbildung des Babys ist während dieser Zeit am geringsten.

Sobald eine Frau erst einmal das dreißigste Lebensjahr erreicht hat sinkt ihre Fruchtbarkeit stetig bis sie in einem Alter von 35 Jahren lediglich noch bei durchschnittlich 25 Prozent liegt.

Allerdings nimmt das Alter heutzutage keinen allzu großen Einfluss mehr auf die Lebensplanung einer Frau, sodass diese sich nicht selten für eine späte Schwangerschaft entscheiden.

Die Gründe hierfür können vielfältig sein die einen haben vielleicht bisher noch nicht ihren Partner für den Rest ihres Lebens gefunden, viele Frauen haben ihre Priorität bisher in ihrem Berufsleben und der damit verbundenen Karriere gesehen.

Oftmals ist für die Frauen eine stabile finanzielle Situation und eine gewisse persönliche Reife ein wichtiger Grundstein, welcher erst einmal gelegt werden muss, bevor sie sich an ihre Kindesplanung begeben.
In vielen Fällen lässt sich außerdem ein Zusammenhang erkennen zwischen dem Bildungsabschluss, welche eine Frau erreicht hat und ihrer Mutterschaft. Je höher der Bildungsabschluss einer Frau ist, desto höher ist tendenziell auch der Anteil an Frauen, die noch kein Kind haben, im Alter von 35 bis 39 Jahren.
Gerade in der heutigen Zeit ist es überhaupt kein Einzelfall mehr, dass Frauen ihr erstes Kind erst im Alter von etwa 35 bis 40 Jahren gebären – ungeachtet auch der Tatsache, dass eine Schwangerschaft in diesem Alter eine Risikoschwangerschaft darstellt.

Statistiken zufolge lag das Durchschnittsalter von erstgebärenden Frauen 2014 bei 30,9 Jahren – seit 2009 lässt sich sogar ein jährlicher Anstieg von 0,1 Jahren verzeichnen.
Und auch die er Forschungsverbund Fertilitätsstörungen belegt, dass die Familienplanung von Frauen sich immer weiter nach hinten verschiebt.
Ihrer Studie liegen Umfrageergebnisse zugrunde, welche festhalten, dass selbst junge Frauen im Alter von 20 Jahren ihre Kinderplanung spätestens in ihrem 26ten Lebensjahr anstreben, bei den 21- bis 30-jährigen befragten Frauen lag das ermittelte Durchschnittsalter um ihr erstes Kind zu gebären sogar bei bereits 29 Jahren. Sobald die befragten Frauen ein Alter von 30 Jahren erreicht hatten verschob sich ihre Kinderplanung sogar noch weiter

nach hinten – der Studie zufolge möchten genau diese Frauen erst in einem Alter von 36 Jahren Mutter werden.
Dieses nachweisbare Verschieben der Kinderplanung auf einen Zeitpunkt, an dem die Frauen bereits ein fortgeschritteneres Alter besitzen, hat zur Folge, dass auch die Nachfrage nach Kinderwunschbehandlungen stetig ansteigt.
Die Reproduktionsmedizin ist heutzutage immerhin auch schon sehr fortgeschritten, sodass auch eine große Anzahl an Behandlungsmethoden angeboten werden kann, von denen die meisten überaus erfolgsversprechend sind.
Allerdings wird von vielen Frauen aufgrund dieser Möglichkeit die Tatsache aus den Augen verloren, dass es nie eine Garantie für das Eintreten einer Schwangerschaft gibt – auch junge Frauen vergessen allzu häufig diese Tatsache.

Grundsätzlich sind Frauen bereits nach ihrer ersten Periode in einem Alter, in dem sie bereit wären, ein Kind zu gebären.
Da die erste Periode allerdings bereits im Alter von zehn bis sechzehn Jahren, durchschnittlich jedoch in einem Alter von etwa 12,5 Jahren eintritt, gilt eine Frau, die erstmalig mit 35 Jahren schwanger wird als sogenannte „Spätgebärende“.
Bei spätgebärenden Frauen ab einem Alter von 35 Jahren steigt dabei jedoch auch zunehmend die Wahrscheinlichkeit, dass sich eine Chromosomenstörung bei dem noch ungeborenen Kind entwickelt.
Aufgrund dessen gibt es einige Untersuchungen, welche über die reguläre Schwangerschaftsvorsorge hinausgehen, um die Gesundheit des Kindes abzuklären.

Diese Untersuchungen werden bei Spätgebärenden von der Krankenkasse gezahlt. Diese Untersuchungen umfassen beispielsweise auch die Möglichkeit einer Chorionzottenbiopsie oder auch einer Fruchtwasseruntersuchung, um herausfinden zu können, ob das Kind unter Umständen einen Gendefekt aufweist.
Insbesondere kann es sich hierbei um die Trisomie 21, also das bekannte Down-Syndrom, handeln, unter dem viele Kinder spätgebärender Mütter leiden.
Die Wahrscheinlichkeit, dass das Kind unter dieser Krankheit leidet liegt bei einer zu vierhundert Frauen im Alter von 35 Jahren – steigt allerdings bis zu einem Alter von 40 Jahren auf eine von 109 Frauen an, bei einer Frau im Alter von 45 Jahren liegt die Wahrscheinlichkeit sogar bei einer von 32 Frauen. Neben der bekannten Trisomie 21 gibt es auch Chromosom Anomalien, welche jedoch deutlich seltener auftreten. Darunter sind auch das Edwards sowie das Palau S Syndrom. Weise hoch das Risiko ist, dass das Kind einer Spätgebärenden unter einer dieser möglichen Krankheiten leidet, kann durch unterschiedliche Tests genauer bestimmt werden. Das wohl zuverlässigste Verfahren, welches bei der Diagnose zur Anwendung kommt, ist die sogenannte Amniozentese.
Offenbart dieser Test, dass bei dem Ungeborenen gesundheitliche Probleme vorliegen, so obliegt es der Frau, die Schwangerschaft zu beenden oder andernfalls die Vorbereitungen für die speziellen Bedürfnisse ihres Kindes zu treffen. Wichtig zu wissen ist an dieser Stelle, dass keine Frau gezwungen ist, diesen Test durchzuführen sofern sie diese Informationen überhaupt nicht wissen möchte. Jedoch kommen auch die Kinder von spätgebärenden Frauen in den meisten Fällen gesund auf die Welt, selbst, wenn die Zahl möglicher genetischer Defekte nicht abgestritten werden kann.

De facto ist es allerdings auch so, dass die Schwangerschaften einer Spätgebärenden mit einem deutlich höheren Risiko einer Fehlgeburt verbunden sind. Begründet liegt dies unter anderem darin, dass auch die Eizellen der Frau genau wie auch ihr übriger Körper dem natürlichen Alterungsprozess unterliegen.

Mädchen tragen bei ihrer Geburt bereits eine Millionen Eizellen in ihrem Körper – bis sie in die Pubertät kommen bleiben von ihnen noch etwa 300.000 Eizellen übrig. Für etwa dreißig Jahre lässt der weibliche Körper nun monatlich eine dieser Eizellen reif werden, sodass sie befruchtet werden könnte.
Allerdings kommt es im Verlauf der Zeit zu immer mehr kleinen Fehlern, die sich in die Eizellen einschleichen, sodass diese beispielsweise nicht mehr in der Lage sind, sich in die Gebärmutterwand der Frau einzunisten, woraus in einem sehr frühen Stadium eine Fehlgeburt stattfindet, die von der schwangeren Frau in den meisten Fällen nicht einmal bemerkt wird sondern lediglich als eine stärkere Periode wahrgenommen wird.

Die Wahrscheinlichkeit für diese Form der Fehlgeburt liegt bis zu einem Alter von 30 Jahren bei einer zehnprozentigen Wahrscheinlichkeit, die jedoch ab einem Alter von 35 Jahren rapide zunimmt. Frauen, die im Alter von 40 Jahren schwanger werden, erleiden besonders häufig Fehlgeburten – bei ihnen ist es etwa jede dritte Frau – im Alter von 45 Jahren betrifft es jede Zweite.

Das solltest Du *in der Schwangerschaft vermeiden*

Um Deine Schwangerschaft möglichst ohne Komplikationen verlaufen zu lassen, kannst Du einiges selbst dazutun, um eine glückliche und gesunde Schwangerschaft durchleben zu können.
Für Dich gilt es einige Dinge grundliegend zu vermeiden und Dein Verhalten in Bezug auf einige Sachen zu verändern – was von diesen Veränderungen genau in Deinem Leben betroffen ist, erfährst Du in diesem Kapitel.

» Verzichte auf den Konsum von Alkohol.

Während Deiner Schwangerschaft ist es besonders wichtig, dass Du auf jegliche Form des Konsums von Alkohol verzichtest – sowohl in Form von Getränken als auch verarbeitet in Lebensmitteln wie beispielsweise Pralinen.
Expertenschätzungen nach kommen allein in Deutschland jährlich rund 10.000 Babys auf die Welt, die durch den mütterlichen Alkoholkonsum einen Schaden davontragen.
Mögliche Schäden, die Dein Kind durch jegliche Form des Alkoholkonsums erleiden könnte, sind Gehirnschädigungen,

Verhaltensstörungen oder sogar Früh-, Fehl- bis hin zu Totgeburten.
Hinsichtlich des Konsums von Alkohol während der Schwangerschaft gibt es also keineswegs einen Grenzwert, der nicht überschritten werden sollte, sondern jeglicher Konsum von Alkohol sollte während der Schwangerschaft vermieden werden.

» Reduziere Deinen Koffeinkonsum.

Wenn Du regelmäßig einen Kaffee trinkst oder sonstige koffeinhaltige Lebensmittel zu Dir nimmst, so wirst Du die anregende Wirkung des Koffeins sicherlich kennen. Doch genauso anregend wie Koffein auf Dich wirkt, so wirkt es auch auf Dein ungeborenes Baby, da Koffein die Plazentaschrank problemlos überwindet. Somit magst Du Dich vielleicht nach dem Koffeinkonsum besonders angeregt und gut fühlen – allerdings muss dies nicht der Fall bei Deinem Baby sein, denn der Organismus Deines Babys ist nicht an die Aufnahme von Koffein gewöhnt und kann es somit nicht auf dieselbe Weise verwerten wie es Dein eigener Körper tut.
Das bedeutet allerdings nicht, dass Du fortan auf Deinen Morgenkaffee verzichten musst oder Koffein gänzlich aus Deinem Leben streichst, sondern viel mehr, dass Du Deinen täglichen Koffeinkonsum enorm einschränken solltest und somit maximal 300 Milligramm Koffein täglich zu Dir nehmen solltest.

» Unterlasse es während Deiner Schwangerschaft zu Fasten.

Verständlicherweise solltest Du während Deiner Schwangerschaft darauf achten, dass Deine Gewichtszunahme nicht ausufert – dennoch solltest Du gerade in dieser Zeit nicht die Möglichkeit des Fastens in Betracht ziehen.
Der Nahrungsentzug, welchen Du nicht nur Dir sondern auch Deinem ungeborenen Baby während des Fastens auferlegst, ist viel zu belastend.

Auch solltest Du es nicht in Erwägung ziehen reine Obst- oder auch Reisetage einzulegen mit dem Ziel, Deinen Körper zu entwässern.
Auch, wenn man zunächst vermuten mag, dass dies vielleicht eine effektive Methode ist, so hat sich mittlerweile herausgestellt, dass das Einlegen solcher Tage bei Wassereinlagerungen der werdenden Mutter keineswegs erfolgsversprechend ist.

Viel wichtiger ist stattdessen, dass Du darauf achtest, Dich ausgewogen zu ernähren und Du dabei auch alle wichtigen Bausteine mit einbeziehst. So sollten Obst und Gemüse genauso auf Deinem täglichen Speiseplan stehen wie Milchprodukte, Vollkornprodukte sowie ein wenig Fleisch und ein wenig Fisch mit einer ausreichenden Menge an Flüssigkeitszufuhr.

» Beginne nicht damit für Zwei zu essen.

Natürlich trägst Du während Deiner Schwangerschaft ein zweites Leben in Dir, dennoch solltest Du dies nicht als Anlass nehmen, Dich jeder Heißhungerattacke unbedacht hinzugeben.

Jeder Ernährungsexperte wird Dir davon abraten, Dich mit übermäßig vielen Kalorien zu versorgen, denn gerade durch die damit in Verbindung stehende starke Gewichtszunahme steigt das Risiko, dass Du eine Gestose oder Schwangerschaftsdiabetes entwickelst.

Während Deiner Schwangerschaft brauchst Du vor allem mehr Eiweiß, Mineralstoffe und Vitamine, um richtig auf die Veränderung Deines Stoffwechsels und vor allem das Wachstum Deines ungeborenen Babys zu reagieren.

Gerade deshalb solltest Du mit Bedacht essen und Deiner Ernährung die richtige Abwechslung geben – sorge für viele frische Lebensmittel und versuche einen vorsichtigen Umgang mit fettigen Lebensmitteln und Süßigkeiten zu pflegen.

» Streiche Lakritz aus Deinem Speiseplan.

Vielleicht magst Du zu den Personen gehören, die gerne Lakritz essen – allerdings ist es während Deiner Schwangerschaft ratsam, dass Du darauf verzichtest.

Denn in Lakritz ist ein natürlicher Süßstoff aus der Süßholzwurzel, die sogenannte Glycyrrhizinsäure, enthalten, die ein bestimmtes Enzym im Körper während Deiner Schwangerschaft hemmt. Somit bewirkt Lakritz während Deiner

Schwangerschaft, dass das Stresshormon Cortisol über Deine Plazenta in das Blut Deines ungeborenen Babys gelangen kann.
In der Folge zeigen Tests, dass die Gehirnentwicklung von Müttern, die während der Schwangerschaft viel Lakritz gegessen haben, deutlich schlechter abgeschnitten hat als die der Kinder, deren Mütter während der Schwangerschaft kein Lakritz gegessen haben und die Töchter der Mütter, die Lakritz verzehrt haben, nicht nur früher in die Pubertät kamen sondern auch mehr wogen.

» Verzichte auf das Rauchen von Zigaretten – auch von E-Zigaretten.

Dass Du in Deiner Schwangerschaft nicht rauchen solltest, dürfte Dir sicherlich bereits bekannt sein – gerade heutzutage nimmt aber der Trend des Rauchens von E-Zigaretten enorm zu.
Allerdings solltest Du ihren Schaden ebenfalls nicht unterschätzen – in der Schwangerschaft gilt es für Dich sowohl auf das Rauchen von Zigaretten als auch auf das von E- Zigaretten zu verzichten.
Denn auch E-Zigaretten enthalten einen gewissen Anteil an Nikotin, welcher über den Blutkreislauf das Herz, die Lunge sowie dem Nervensystem des ungeborenen Babys schaden kann.
Im Übrigen gilt das Gleiche auch für das Passivrauchen, welches Deinem Baby ebenso schaden kann. Denn selbst, wenn Du passiv rauchst, nimmst Du eine Vielzahl an Chemikalien

und Giftstoffen auf, die sich auf die Gesundheit Deines Babys auswirken.
So können nicht nur ein niedriges Gewicht bei der Geburt, sondern auch Früh- und Fehlgeburten, Lern- sowie Verhaltensstörungen oder sogar der plötzliche Kindstod die Folgen sein.
Und selbst, wenn Du Deine Schwangerschaft beendet und Dein Baby gesund zur Welt gebracht hast, solltest Du es nicht dem Zigarettenrauch aussetzen, da es gesundheitliche Nachteile entwickeln kann. Es ist für Dich und die Gesundheit Deines Babys also die beste Entscheidung mit dem Einsetzen – oder bestenfalls bereits bei der Planung – der Schwangerschaft das Rauchen zu beenden.

» Achte auf die richtige Einnahme von Medikamenten.

Sicherlich lässt es sich in Deiner Schwangerschaft in bestimmten Situationen gar nicht unbedingt vermeiden, dass Du Medikamente zu Dir nimmst.
Umso wichtiger ist es, dass Du Dich darüber informierst, welche Medikamente Du in Deiner Schwangerschaft zu Dir nehmen darfst. Embryotox, einem Berliner Beratungszentrum für Embyronaltoxikologie, bietet Dir dafür eine hilfreiche Datenbank, die Dir einen Überblick verschafft, welche Medikamente selbst während Deiner Schwangerschaft eine sichere Einnahme gewährleisten.

Betroffen sind bei den Medikamenten allerdings auch viele pflanzliche, frei verkäufliche Mittel, denn auch sie können Deinem ungeborenen Baby Schaden zufügen.
Wenn Du lieber auf homöopathische Arzneimittel zurückgreifst, so werden diese zwar in der Regel keine Nebenwirkungen hervorrufen, allerdings musst Du Dir darüber im Klaren sein, dass auch ihre Heilwirkung nicht richtig erwiesen ist.

Somit gilt es für Dich in jedem Fall zu bedenken, dass unbehandelte Erkrankungen in Deiner Schwangerschaft Deinem Kind unter Umständen einen größeren Schaden zufügen als es die dafür vorgesehenen Medikamente tun würden.
Lasse Dich also am besten immer von einem Arzt beraten, ob es nötig ist, Medikamente einzunehmen und falls ja, achte darauf, dass die Medikamente von Dir auch während Deiner Schwangerschaft eingenommen werden dürfen.

» Schränke das Reisen mit dem Flugzeug ein.

Solange Deine Schwangerschaft regulär verläuft und es Dir sowie Deinem Baby gut geht, spricht prinzipiell nichts dagegen, dass Du eine Reise mit dem Flugzeug antrittst – allerdings solltest Du diese Reiseplanungen immer auch bei Deinem Arzt ansprechen, besonders dann, wenn bei Dir eine Risikoschwangerschaft vorliegt.
Bedenke bei Deinen Flugplanungen jedoch, dass je näher Du Deinem errechneten Geburtstermin kommst, desto eher solltest Du auf das Reisen mit dem Flugzeug verzichten. Ein

Großteil der Fluggesellschaften wird Dich über Deine 36. Schwangerschaftswoche hinaus vermutlich nicht einmal mehr mitnehmen.

» Achte bei geplanten Urlauben auf die Urlaubsregion.

Während Deiner Schwangerschaft ist es vollkommen in Ordnung, dass Du verreist solange es Dir und Deinem ungeborenen Baby gut geht.
Allerdings solltest Du bei der Planung Deines Urlaubs auf das Urlaubsziel Acht geben, denn gerade Gebiete, die nur einen niedrigen Standard hinsichtlich der Hygiene und Medizin bieten, sollten während Deiner Schwangerschaft nicht angestrebt werden. Deshalb sollte auch von Reisezielen Abstand genommen werden, die das Risiko bieten, sich mit Malaria sowie Hepatitis A, B, D oder E zu infizieren.
Wichtig für Dich ist jedoch in jedem Fall, dass Du darauf achtest, immer nur dann zu verreisen, wenn Du auch ausreichend geimpft bist. Im besten Fall sollten alle notwendigen Impfungen bereits im Vorfeld Deiner Schwangerschaft vorgenommen worden sein, da Du innerhalb Deiner Schwangerschaft nur dann geimpft wirst, wenn dies auch wirklich zwingend notwendig ist.

» Vermeide extreme Belastungen beim Sport.

Es ist für Dich und Deine Schwangerschaft gesund, wenn Du moderatem Sport nachgehst

– Allerdings solltest Du dabei keinen Sport verfolgen, der Dich zu extremen Belastungen verleitet und Deinen Puls in die Höhe schießen lässt, denn Dein Puls sollte unter keinen Umständen über 130 Schläge geraten und darüber hinaus solltest Du auch noch in der Lage sein, Dich mit ganz normaler Stimme unterhalten zu können. Sportarten, die Dir deutlich mehr abverlangen und somit für Dich zu enormen körperlichen Belastungen führen, sind für Deine Schwangerschaft eher kontraproduktiv und sollten von Dir in dieser Zeit somit vermieden werden.

Bedenke, dass Du gerade in Deiner Schwangerschaft einem höheren Risiko unterliegst, Dich zu verletzen, weil sowohl Deine Bänder als auch Deine Gelenke in einem gewissen Maß aufgelockert sind und Dein wachsender Bauch für eine Verlagerung Deines Körperschwerpunktes sorgt.

Entscheide Dich also einer Sportart nachzugehen, die Du bereits kennst und versuche während Deiner Schwangerschaft keine neuen Sportarten.

Besonders zu empfehlen sind für Dich beispielsweise sanfte Sportarten wie das Radfahren oder auch das Schwimmen - Aerobic oder Joggen sind etwas weniger empfehlenswert. Ganz vermeiden solltest Du Sportarten, die ein erhöhtes Risiko für Stöße in den Bauch und Stürze mit sich bringen wie beispielsweise Mannschaftsballsport, Reiten oder auch das Skifahren.

Auch auf das Tauchen solltest Du strikt verzichten, denn dadurch unterziehst Du Dich lediglich einem Risiko, denn durch den Druck während des Tauchens bilden sich in den Nabelschnurgefäßen Gasbläschen, welche letztlich dafür sorgen könnten, dass die Sauerstoffversorgung Deines ungeborenen Babys zeitweilig unterbrochen wird.

» Vermeide das Streichen des Kinderzimmers.

Gerade in Deiner Schwangerschaft wirst Du einen verstärkten Nestbautrieb bemerken, dem Du es zu verdanken hast, dass Du das Bedürfnis besitzt, alles umzugestalten und auch das Kinderzimmer so schön wie nur möglich zu gestalten.
Allerdings solltest Du bedenken, dass in der Wandfarbe, die Du nun einmal zum Streichen benötigst, Konservierungsstoffe, Lösungsmittel und auch andere Bestandteile enthalten sein können, die Du während Deiner Schwangerschaft im besten Fall nicht einatmen solltest.
Grundsätzlich lässt sich die Belastung durch Chemikalien und Lösungsmittel, die beim Streichen freigesetzt werden, nicht richtig messen – und steht darüber hinaus auch mit anderen Faktoren in einem engen Zusammenhang. So ist nicht nur das verwendete Produkt entscheidend, sondern auch die Durchlüftung des Zimmers, die Dauer, über die Du den Chemikalien und Lösungsmitteln ausgesetzt bist aber auch die Größe des Kinderzimmers.

Bedenke stets, nicht nur Du als Schwangere bist gefährdet, sondern auch andere Personen können auf die entstehenden Dämpfe allergisch reagieren und nicht zuletzt Atemwegsreizungen erleiden.
Gehe dieses Risiko während Deiner Schwangerschaft also besser nicht ein, sondern lasse lieber jemand anderen das Kinderzimmer streichen während Du nicht in Deiner Wohnung bist oder streiche es selbst nach der Schwangerschaft.
Übrigens gilt dies nicht ausschließlich für das Kinderzimmer, sondern auch für alle übrigen Zimmer sowie für den Umgang mit Lacken – dementsprechend solltest Du während Deiner Schwangerschaft also auch nicht damit beginnen, das Kinderbettchen umzulackieren.

» Versuche auf die Reinigung des Katzenklos zu verzichten.

Dieser Verzicht soll nun nicht bedeuten, dass Du Deine Katze fortan auf ein dreckiges Klo lassen sollst, sondern vielmehr bedeutet es, dass Du bestenfalls jemand anderem die Reinigung des Katzenklos überlassen solltest.
Wenn Du bereits im Kindesalter eine Katze besessen hast oder viel mit ihnen zu tun hattest, kann es möglich sein, dass Du bereits immun geworden bist – andernfalls setzt Du Dich einer Infektionsgefährdung mit Toxoplasmose aus, welche nicht nur Dir sondern auch Deinem ungeborenen Baby schaden kann.
Die Übertragung der Infektion findet über Bakterien statt, welche nicht nur in rohem Fleisch, sondern auch in dem Kot

einer Katze enthalten sein können. Aufgrund dessen ist es wichtig, dass Du die Reinigung im besten Fall jemand anderem überlässt.
Falls es sich gar nicht anders machen lässt und Du als Einzige da bist um das Katzenklo zu reinigen, so solltest Du während der Reinigung Handschuhe und darüber hinaus einen Atemschutz beziehungsweise eine OP-Maske tragen.
Um auf der sicheren Seite zu sein, ist es empfehlenswert, dass Du Dich bei Deinem Gynäkologen einem Bluttest unterziehst, über welchen sich feststellen lässt, ob Du Toxoplasmose- Antikörper besitzt. Außerdem solltest du Dir selbst in einem solchen Fall darüber im Klaren sein, dass es mutierte Stämme gibt, mit welchen Du Dich trotz der vorhandenen Antikörper infizieren könntest.

» Unterlasse das Haare färben.

Wenn es nicht zwingend notwendig ist, dass Du Deine Haare während Deiner Schwangerschaft färbst, so solltest Du stets darauf verzichten.
Wie schädlich sich das Haare färben auf Dich auswirkt hängt davon ab, welches Mittel Du zum Färben verwendest und vor allem auch ob die verwendete Farbe in Kontakt mit Deiner Kopfhaut gerät.
Solltest Du absolut nicht auf das Färben Deiner Haare in der Schwangerschaft verzichten können, so solltest Du Dich in jedem Fall vor dem Färben gründlich informieren.

» Vermeide zu heiße Bäder sowie saunieren.

Sowohl zu heiße Bäder als auch das Saunieren wirken sich ungesund auf Deinen Körper während der Schwangerschaft aus, gerade deshalb solltest Du vor allem im ersten Trimester Deiner Schwangerschaft heiße Vollbäder tunlichst meiden.

Auch das Saunieren kann Auswirkungen auf Deinen Körper haben – zwar erhöht sich Deine Körpertemperatur nur geringfügig, allerdings kann sich die Hitze auf Deinen Kreislauf auswirken.

» Unterlasse Besuche im Sonnenstudio.

Während Deiner Schwangerschaft solltest Du besonders vorsichtig sein, was die Sonne angeht – sowohl der natürlichen als auch der künstlichen Sonne gegenüber.
Bedingt durch die Veränderungen innerhalb Deines Hormonhaushaltes verändert sich auch die Pigmentierung Deiner Haut, was dazu führt, dass sich anstelle der gewünschten einheitlichen Bräune vielmehr unschönen Pigmentflecken abbilden.

Abgesehen davon unterziehst Du Dich mit Besuchen im Sonnenstudio einem größeren Risiko an Hautkrebs zu erkranken, also sorge für Dich und Deine Gesundheit und vermeide eine zu intensive Sonneneinstrahlung während Deiner Schwangerschaft.

» Versuche nicht zu lange zu stehen oder zu sitzen.

Während Deiner Schwangerschaft ist es wichtig, dass Du dafür sorgst, Dich ausreichend in Bewegung zu halten. Somit ist es für Dich in der Schwangerschaft auch zu vermeiden Deiner Tätigkeit an einem Arbeitsplatz nachzugehen, an dem Du nur sitzt. Und dies hat auch einen guten Grund, denn nicht nur das zu lange sitzen, sondern auch das zu lange stehen resultiert in einer geringeren Durchblutung Deines Körpers und somit einer Flüssigkeitsansammlung sowohl in Deinen Beinen als auch in Deinen Füßen.
Wenn Du also in einem Büro arbeitest, so solltest Du stets darauf achten, hin und wieder einmal aufzustehen und Dich ein wenig durch das Büro zu bewegen um Deine Durchblutung wieder ein wenig anzuregen.

Stress in der Schwangerschaft

und seine Auswirkungen auf die Psyche des Kindes

Stress kann in Deinem Leben immer wieder einmal vorkommen, wichtig für Dich ist es jedoch zu wissen, dass Stress bis zu einem gewissen Punkt Deinem ungeborenen Baby noch keinen Schaden zufügt. Dennoch können sich Deine Ängste und auch größerer Stress negativ auf die Entwicklung Deines Kindes auswirken, wodurch dann auch eine Frühgeburt und das Risiko eines zu geringen Geburtsgewichtes nicht mehr ausgeschlossen werden kann.
Unter Umständen kann Dein Baby im späteren Leben weitere Folgen des Stresses zu spüren bekommen, den Du während der Schwangerschaft durchlebt hast, so können beispielsweise Asthma oder auch Depressionen durch die bestehende psychische Belastung entstehen.
Generell wird Stress in drei unterschiedlichen Arten unterschieden – so gibt es den sogenannten Eustress, den Distress und den neutralen Stress.
Unter dem sogenannten Eustress wird die kurzfristige Anspannung verstanden, die Du in einer gewissen Situation durchlebst, die für Dich jedoch den Eindruck macht, dass Du sie bewältigen kannst oder dass sie sogar positiv ist. Eustress ist also eine positive Art des Stresses, die motivieren und sogar die Leistungsbereitschaft fördern kann. Solange Dein ungeborenes Baby Stress lediglich in Form von geringen Dosen Eustress zu spüren bekommt, nimmt es keinerlei Schaden davon.

Distress hingegen stellt die negative Ausprägung von Stress dar, bringt Dich in den betreffenden Situationen nahezu an Deine Grenzen und stellt Dich merklich vor Aufgaben, die nicht zu bewältigen scheinen. In Momenten, in denen Du diese Form des Stresses wahrnimmst, macht sich in Dir eine Blockade und das Gefühl der Hilflosigkeit breit. Was fehlt sind die wichtigen Phasen der Entspannung um die nötigen Energiereserven wieder aufzufüllen um Dich wieder voranzubringen. Solange Mistress jedoch nur für einen kurzen Augenblick in Deinem Leben stattfindet, so nimmt Dein Baby noch nicht direkt einen Schaden davon – erst, wenn Du Dich dieser Form des Stresses ohne jegliche Form der Erholung über einen längeren Zeitraum aussetzt, Du somit also permanent unter Stress stehst, wirkt sich das Ganze auch negativ auf Dein Baby aus. Die dritte Form des Stresses ist der neutrale Stress, der dafür sorgt, dass Du in den betreffenden Situationen einen klaren Kopf behältst und ganz genau weißt, wie Du nun zu handeln hast. Auch neutraler Stress schadet Deinem Kind nicht solange er lediglich für einen kurzen Zeitraum auftritt.

Mittlerweile gibt es Studien, die belegen, dass jegliche Form des Stresses, den eine Frau während ihrer Schwangerschaft durchlebt, auch den Fötus erreicht. Allerdings ist es nicht so, dass das ungeborene Baby den Stress der Mutter so übernimmt wie diese ihn empfindet, was nicht zuletzt daran liegt, dass die Plazenta der Mutter eigenständig Enzyme produziert, welche das Kind vor der übermäßigen Angst und Aufregung der Mutter schützen. Somit schafft es lediglich ein Anteil von etwa zehn Prozent des von der Mutter ausgeschütteten Cortisols tatsächlich bis zum Baby – auch, wenn das Cortisol selbst in dieser Dosierung noch Einfluss auf das Kind nehmen kann, indem es das Epigenom aktiviert.

Doch grundsätzlich ist Stress etwas, was vermutlich nun einmal zu Deinem alltäglichen Leben dazu gehört – ob Du nun den hohen Anforderungen in Deinem Berufsleben entsprechen musst, Du Auseinandersetzungen mit Deinem Lebenspartner durchlebst, Du unter der alltäglichen Hektik leidest, Du stetig Lärm ausgesetzt bist, Du Dir Sorgen um existenzielle Dinge machst oder Du schlichtweg unter Zeitmangel leidest – all das sind Dinge, die Dich unter großen Stress setzen können, denen Du Dich womöglich auch während Deiner Schwangerschaft nicht entziehen kannst.

Hinzu kommen unter Umständen auch noch weitere Sorgen wie die um den Verlauf Deiner eigenen Schwangerschaft und um die Gesundheit Deines Babys, dessen Geburt und wie die Zeit wohl nach der Geburt für Dich überhaupt erst werden wird.
In all diesen Stresssituationen beginnt Dein Körper damit die unterschiedlichsten Stresshormone auszuschütten – von Adrenalin und Noradrenalin über Dopamin bis hin zu den Vorstufen des bekannten Hormons Cortisol. Du wirst die daraus resultierenden Folgen schnell feststellen können, da sie sich durch eine verstärkte Atmung, einen erhöhten Blutdruck sowie eine zunehmende Herzfrequenz äußern, darüber hinaus spannt sich möglicherweise auch Deine Muskulatur an und die Tätigkeit Deiner Verdauung wird gemindert.

Merke Dir also stets – solange der Stress, unter dem Du leidest, sich in Grenzen hält, ist er für Deine Schwangerschaft relativ ungefährlich – selbst wenn Dein ungeborenes Baby im Mutterleib diesen Stress wahrnehmen kann und sein Herzschlag sich bereits kurz nach Deinem eigenen beschleunigt. Der Meinung vieler Forscher nach kann leichter Stress sogar förderlich für Dein Kind sein, da sich dadurch offenbar die geistigen Fähigkeiten, die körperliche Reifung sowie seine Motorik verbessert. Trotz dessen solltest Du jedoch versuchen herauszufinden, was der Auslöser für den Stress ist, den Du empfindest, damit Du diesem entgegensteuern kannst.

Außerdem kann sich leichter Stress, den Du in Deinem normalen, aktiven Schwangerenleben durchlebst, indem Du Baby-Shopping betreibst, Behördengänge erledigst, einen Geburtsvorbereitungskurs besuchst und Deine Vorsorgeuntersuchungen regelmäßig wahrnimmst, durchaus auch positiv auf die Entwicklung Deines Babys auswirken.
Es konnte sogar nachgewiesen werden, dass ein erhöhter Cortisolwert folglich auch mehr Oxytocin Rezeptoren mit sich bringt, was zu einer höheren Stressresistenz des noch ungeborenen Babys führt. Darüber hinaus ist das sogenannte Oxytocin auch als „Kuschelhormon“ bekannt, was zu einer noch stärkeren Bindung zwischen dem Baby und der Mutter führt.

Diese Babys besitzen Expertenschätzungen zufolge darüber hinaus auch noch die Fähigkeit, Stress gegenüber deutlich toleranter zu sein und positive Gefühle deutlich intensiver wahrzunehmen – so also auch Gefühle wie Liebe und Vertrauen. Es ist also durchaus auch wichtig, dass Cortisol ausgeschüttet und in der Folge vermehrt Oxytocin Rezeptoren vorhanden sind,
damit das Kind in seinem späteren Leben besser mit Belastungen sowie Herausforderungen umgehen kann und ihm soziale Interaktionen leichter fallen können.

Zu viel Stress hingegen kann Deinem ungeborenen Baby Schaden zufügen, da es sich durch Deine eigenen seelischen Belastungen zugleich auf die Entwicklung Deines Babys auswirkt.
Dadurch steigt das Risiko der Entstehung schwerer kindlicher Störungen, die weitreichend sein können – angefangen bei dem Risiko der Frühgeburt über ein zu niedriges Geburtsgewicht und emotionalen sowie neurologischen Entwicklungsstörungen wie beispielsweise ADHS oder anderen schlechten geistigen Fähigkeiten bis hin zu körperlichen Beschwerden, unter denen Dein Kind unter Umständen leiden kann, wie beispielsweise Asthma oder auch Übergewicht.
Zu bedenken gibt es jedoch auch hier, dass dennoch viele der Kinder, deren Mütter enormen Stress während der Schwangerschaft durchleben mussten, gesund auf die Welt gekommen sind, was bedeutet, dass sich enormer Stress in der Schwangerschaft zwar negativ auf die Gesundheit und die Entwicklung Deines Babys auswirken kann, dies jedoch nicht zwingend muss.
Es gibt allerdings in der Schwangerschaft einige seelische Belastungen, denen Du ausgesetzt sein könntest, die sich durchaus negativ auf die Entwicklung Deines Babys auswirken können – dazu zählen Ängste, die sich unter Umständen sogar direkt auf die Schwangerschaft beziehen, Depressionen, problematische Lebensumstände jeglicher Form von Problemen innerhalb der Partnerschaft über körperliche bis hin zu seelischer Gewalt, Trauerfälle aber auch jegliche Form anderer traumatischer Erlebnisse wie Naturkatastrophen, Terroranschläge oder Überfälle.
Wichtig ist, dass Du Dir Unterstützung bei einem Arzt oder einem ausgebildeten Therapeuten suchst, sobald Du feststellst, dass Du

es allein nicht schaffst, diese Ängste, Erlebnisse und Sorgen zu verarbeiten. Denn wenn Du durchgehend unter Stress leidest, so steigt das Risiko, dass sich vorzeitig Wehen einstellen oder Du eine Früh- oder gar Fehlgeburt erleidest. Nimm also wirklich Unterstützung in Anspruch – neben Ärzten und Therapeuten können auch Hebammen und Schwangerschaftsberatungsstellen die richtigen Ansprechpartner für Dich sein, mit denen Du über Deine Ängste, Nöte und Sorgen sprechen kannst.

Besteht Deine Angst vordergründig in der Geburt Deines Babys so kannst Du auch einen Kurs speziell zur Geburtsvorbereitung besuchen, in dem Dir auch viele Informationen und praktische Tipps an die Hand gegeben werden. Zudem bekommst Du auch wertvolle Hilfestellungen, welche Dir zeigen wie Du mit den Ängsten, die Dich begleiten, am besten umgehen kannst.

Achte darauf, Dir ausreichend Entlastung zu schaffen, da sich die normalen Umstände wie die Belastungen in Deinem Berufsleben, Ärger in Deiner Partnerschaft, Hektik und Sorgen nicht einfach vermeiden lassen.

Sobald Du erst einmal herausgefunden hast, was Dein persönlicher Auslöser für Stress ist, so solltest Du damit beginnen, ganz gezielt daran zu arbeiten.
Sind die Ansprüche und Forderungen Deines Arbeitsgebers, Deiner Familie oder Deines Partners einmal zu hoch? Dann sei so ehrlich zu Dir selbst und achte auf Dich, weise sie auch einmal zurück und lebe Dein Leben nach Deinem eigenen Tagesrhythmus und

weniger nach dem, was Dir andere Menschen versuchen vorzugeben.
Wenn Du feststellst, dass sich das Gefühl der Überlastung in Dir einstellt, solltest Du beginnen, Dich selbst zu fragen, was Du an Dir, Deinem Leben und Deinen Lebensumständen konkret verändern kannst, um Dir Entlastung zu schaffen.
Benötigst Du Hilfe oder Entlastung in Deinem Haushalt oder in der Betreuung Deiner Kinder? Gibt es Dinge, die Du vielleicht nicht sofort erledigen kannst, sondern bei denen es auch reicht, wenn Du sie später angehst?
Steht jetzt noch etwas Wichtiges an, was anstrengend ist jedoch noch während Deiner Schwangerschaft erledigt werden muss wie beispielsweise die Renovierung Deiner Wohnung oder das Vorbereiten des Kinderzimmers?
Mache Dir Gedanken und überlege, was Dir am besten weiterhelfen könnte. Besteht bei Deiner Schwangerschaft das Risiko einer Frühgeburt beispielsweise durch vorzeitige Wehen oder auch eine bereit vorhergegangene Frühgeburt, so steht Dir auch eine Haushaltshilfe zu, die von der Krankenkasse bezahlt wird sofern Du ein ärztliches Attest vorlegst.

Sorge darüber hinaus auch dafür, dass Du immer ausreichend Pausen einlegst – wie bereits erwähnt wirst Du es vermutlich nicht schaffen, alle Belastungen aus Deinem Leben zu verbannen solange Du Deine Schwangerschaft durchlebst, umso wichtiger ist allerdings, dass Du Dir die Zeit nimmst um innerlich ein wenig zur Ruhe zu kommen.

Möglicherweise sendet Dir Dein Körper bereits unterschiedliche Symptome, die Dich darauf hinweisen, dass Dein Geist und Dein Körper dringend eine Pause benötigen. Diese ersten Anzeichen können bereits das Gefühl der Anspannung aber auch Müdigkeit sein, nicht selten machen sich auch Gefühle wie Abgeschlagenheit und Erschöpfungszustände aber auch Stimmungsschwankungen breit, zudem treten oft Schlafstörungen auf. Auch auf der körperlichen Ebene kann Dir Dein Körper erste Signale senden – beispielsweise Kopf- oder Rückenschmerzen. Für ausreichende Ruhe bietet es sich an, dass Du ganz bewusst Pausen in Deinen Tag einplanst, die Dich entschleunigen lassen – nutze diese Pausen beispielsweise für einen kurzen Mittagsschlaf, einen ruhigen Spaziergang oder lasse Dir ein Bad ein. Du wirst sehen, jede noch so kleine Auszeit wird nicht nur Deinem Körper, sondern auch Deiner Seele guttun und sein Übriges dazu beitragen, dass Du ein wenig entspannen und Kontakt zu Deinem Baby aufbauen kannst.

Auch empfehlenswert sind unterschiedliche Verfahren zur Entspannung, die Du anwenden kannst, – sei es in Form von autogenem Training oder doch lieber meditativen Bewegungsübungen, wie zum Beispiel im Tai-Chi oder Yoga.

TO DO

Eine richtige Vorbereitung ist das A&O

Für jede Schwangerschaft ist es unabdingbar die richtigen Vorbereitungen zu treffen, welche nicht nur Dein eigenes Leben betreffen, sondern auch das Deines Partners sowie Deines gesamten sozialen Umfeldes. Umso wichtiger ist es, dass Du Dich mit diesem Thema intensiv auseinandersetzt, damit auch nichts in Vergessenheit gerät und alles so funktioniert, wie Du es Dir erhoffst.

Die richtige Vorbereitung

Das Bedürfnis nach einem eigenen Kind ist in den Urbedürfnissen der meisten Menschen verankert, denn letztlich bedeutet jedes Kind auch Glück, Liebe und nicht zuletzt die Erfüllung des Lebens der werdenden Eltern.

Doch es ist nun einmal auch eine Tatsache, dass jedes Kind das Leben der werdenden Eltern vollkommen auf den Kopf stellt und

es von Grund auf verändert. Umso wichtiger ist es, dass die Entscheidung für ein Kind von beiden Elternteilen gemeinsam getroffen wird.
Sprich also unbedingt mit Deinem Lebenspartner beziehungsweise Deiner Lebenspartnerin darüber, wie er beziehungsweise sie sich das Leben mit einem Kind vorstellt und vor allem – welche Veränderungen wird ein Kind in eurem Leben nach sich ziehen?
Gerade, wenn es das erste Kind ist, was Du bekommst, ist es enorm wichtig, dass Du Dir mit Deinem Partner oder Deiner Partnerin überlegst, wie die Aufgabenteilung mit einem Kind aussehen soll – falls Du bereits ein Kind hast kommt zudem noch die Frage hinzu, wie Dein Kind auf ein Geschwisterchen reagieren könnte und Dir zugleich überlegen, wie Du beziehungsweise Ihr es Eurem Kind am besten erklären und es darauf vorbereiten könnt, dass sich ein Baby auf den Weg macht.

Auch stellt sich die Frage, wie es in Deinem beruflichen Leben weitergeht sofern Du in einem festen Arbeitsverhältnis stehst. Immerhin wirst Du zum Ende Deiner Schwangerschaft in den Mutterschutz gehen und danach vielleicht die Elternzeit in Anspruch nehmen, wodurch Du nahezu dazu gezwungen bist, Dir auch darüber Gedanken zu machen, wie lange Du nach der Geburt Deines Kindes gerne zu Hause bleiben würdest um die Betreuung und Erziehung Deines Babys übernehmen zu können. Vielleicht übernimmst Du die Betreuung ja auch gar nicht allein, sondern wirst von Deinem Lebenspartner beziehungsweise Deiner Lebenspartnerin dabei unterstützt – vielleicht übernimmt sogar eine Fremdbetreuung Dein Kind. Mache Dir also auch hier viele Gedanken, wie Du das Ganze am liebsten angehen möchtest.

TO DO

Lasse bei all den Überlegungen auch nicht das Thema „Probleme“ außer Acht, denn auch diese können auftreten – überlege Dir, welche Probleme sich Dir offenbaren könnten und wie Du diese am besten angehen kannst um sie zu einer akzeptablen Lösung zu bringen.

Nutze die Möglichkeiten, die sich Dir mittlerweile bieten, denn Du hast die Chance Deine Schwangerschaft viel genauer zu planen als es früher möglich gewesen wäre.

Letztlich bedeutet ein Kind zu kriegen nicht lediglich auf die unterschiedlichen Formen der Verhütung zu verzichten, sondern vielmehr spielt auch Deine eigene Gesundheit eine wichtige Rolle, damit Du ein gesundes Baby zur Welt bringen kannst. Bedenke, dass Dein Baby während der Schwangerschaft in Dir heranwächst und Du somit für die gesamte Schwangerschaft die Umwelt und vor allem auch der Schutzraum für das Kind sein wirst. Deshalb solltest Du darauf achten, welche Lebensgewohnheiten Du in Deinem Leben integrierst, wie Du Dich ernährst aber vor allem solltest Du auch darauf achten, dass es Dir sowohl körperlich als auch seelisch gut geht, damit es Deinem Kind auch gut gehen kann. Wenn Du Dich also an die Kinderplanung begibst, so solltest Du diese auch zugleich als Anlass nehmen, Dein Leben in eine positivere Richtung zu verändern und an den bisherigen Gewohnheiten zu arbeiten sowie auf Deine Gedanken, Gefühle aber auch auf Deinen Körper zu achten.

Gib Acht, dass Du Dich gesund und vor allem ausgewogen ernährst und Du ein gesundes Körpergewicht besitzt. Am besten entscheidest Du Dich für eine tägliche Mischung aus viel frischem Obst und Gemüse, Fisch sowie Fleisch, Milchprodukten und Vollkornprodukten. Als Ergänzung zu Deiner normalen Nahrung solltest Du darüber hinaus ein Folsäurepräparat einnehmen, da auch ein Mangel an Mikronährstoffen wie Mineralien und Vitaminen dafür verantwortlich sein kann, dass Deine Fruchtbarkeit vermindert ist, und Dich grundsätzlich körperlich fit halten solltest. Es ist nun einmal erwiesen, dass Frauen, die sich sportlich betätigen deutlich schneller schwanger werden, ihre Schwangerschaft darüber in den meisten Fällen ohne Komplikationen verläuft und ihre Geburt leichter ist als die einer schwangeren, weniger sportlich aktiveren Frau. Außerdem kann Dir Bewegung ein Wohlfühlgefühl vermitteln, was sich durchaus auch sehr positiv auf Deinen Hormonhaushalt im Allgemeinen auswirkt. Du solltest es mit der sportlichen Aktivität jedoch nicht übertreiben, denn auch Leistungssport, der mit körperlichem Dauerstress einhergeht, kann sich negativ auf Deine Fruchtbarkeit auswirken und einen Eisprung sogar unterdrücken.

Wenn Du also bereits vor dem Eintritt Deiner Schwangerschaft durch regelmäßige Bewegung dafür sorgst, dass Dein Kreislauf und auch Deine Muskeln sich an eine gewisse Anstrengung gewöhnen, so wird es für Dich während der Schwangerschaft auch deutlich leichter sein, Deinen wachsenden Bauch zu tragen und auch die Schwangerschaftsbeschwerden werden sich deutlich mindern.
Bereite Dich also am besten bereits rechtzeitig mit Deinem eintretenden Kinderwunsch auf eine mögliche Schwangerschaft vor und bewege Dich regelmäßig an der frischen Luft. Dort kannst Du beispielsweise sportlichen Aktivitäten wie Gymnastik, Radfahren, Schwimmen oder auch Wandern nachgehen. Diese Sportarten sind besonders dafür geeignet, Deine Blutgefäße sowie Deine Muskulatur zu trainieren, was für einen Stabileren Kreislauf sorgt

und Dir die Möglichkeit verschafft, Energie für eine bevorstehende Schwangerschaft zu sammeln.
Eine dieser Sportarten kannst Du dann auch bei einer eintretenden Schwangerschaft weitermachen – wichtig ist nur, dass Du darauf achtest, dass Du keinen Sport betreibst, der ein Risiko für Deine eigene aber auch die Gesundheit Deines Kindes darstellt. In der Schwangerschaft sollten also gerade Sportarten wie Gleitschirmfliegen, Reiten, Skispringen oder auch das Tauchen keine Rolle für Dich spielen.
Die optimale Vorbereitung für Deine Schwangerschaft umfasst viele unterschiedliche Aspekte. So kann es ratsam sein, dass Du bereits das Gespräch mit Deinem Arzt beziehungsweise Deiner Ärztin suchst, sobald das Thema Kinderwunsch für Dich eine tragende Rolle in Deinem Leben übernimmt. Sollten sich Hinweise darauf ergeben, dass Du unter Umständen unter einer Unfruchtbarkeit leidest oder Risiken in Deiner Schwangerschaft auftreten könnten, so lassen sich diese in den meisten Fällen bereits im Voraus erkennen und somit auch gut behandeln. Gerade, wenn Du von einem relativ unregelmäßigen Zyklus betroffen bist oder Du starke Schmerzen während der Periode empfindest, solltest Du ein Gespräch mit Deinem Arzt beziehungsweise Deiner Ärztin führen.
Bei einem Arztbesuch hast Du darüber hinaus auch die Möglichkeit, eine Tastuntersuchung durchführen zu lassen, bei der zum Beispiel knotige Wucherungen innerhalb der Muskelschicht Deiner Gebärmutter, sogenannte Myome, festgestellt werden können. Diese lassen sich in der Regel auch durch einen kleinen operativen Eingriff relativ unkompliziert entfernen.
Außerdem empfiehlst es sich für Dich eine Krebsvorsorgeuntersuchung vornehmen zu lassen um Dich auch wirklich abzusichern,

dass einem Baby derzeit nichts im Wege steht, denn sollte sich durch einen Abstrich etwas Auffälliges ergeben, so wird Dir Dein Arzt oder Deine Ärztin womöglich dazu raten, dass Du mit Deinem Kinderwunsch noch ein wenig abwartest damit die Zellen am Muttermund die Möglichkeit haben, sich wieder zu normalisieren.
Dein Arzt oder Deine Ärztin wird Dir vermutlich einige Impfungen anraten, die Du im Vorfeld Deiner Schwangerschaft schon einmal impfen lassen solltest, da nur wenige Impfungen überhaupt während Deiner Schwangerschaft geimpft werden dürfen. Beispielsweise kannst Du innerhalb Deiner Schwangerschaft nicht gegen Gelbfieber, Japanische Enzephalitis, Masern, Mumps, Pocken, Röteln, Tuberkulose, Typhus (wobei hier eine Impfung mittels einem oralen Impfstoff möglich sein kann) sowie Varizellen geimpft werden. Vor der Schwangerschaft solltest Du dementsprechend großen Wert darauf legen, dass Du bestimmte Impfungen bereits hast – hierzu gehört zum Beispiel auch die Impfung gegen Röteln, denn wenn diese in der Schwangerschaft auftreten, so kann es schwerwiegende gesundheitliche Folgen für das ungeborene Baby mit sich bringen.
Spätestens wenn die Schwangerschaft bei Dir eintritt, wirst Du aufgrund der festgelegten Mutterschaftsrichtlinien auf Rötelnantikörper getestet – es sei denn Du kannst einen Nachweis darüber erbringen, dass bereits zwei Rötelimpfungen erfolgt sind, da in diesem Fall davon ausgegangen wird, dass sich bei Dir eine Immunität eingestellt hat.

Sofern Du bereits schwanger bist und es somit zu spät für eine vorbeugende Impfung gegen Röteln ist oder Du unter Umständen einfach nicht weißt, ob Du bereits geimpft bist, so kann ein sogenannter Röteltiter Aufschluss über Deinen Impfstatus geben. Ergibt sich bei diesem Röteltiter ein Wert unter 15 IU/ml im ELISA-Test, so liegt dieser unter dem zuverlässigen Schutz, wodurch eine Impfung einen wirksamen Schutz wieder herstellen kann. Wenn Du Dich jedoch bereits in der Schwangerschaft befindest, so kannst Du diese Impfung auch umgehend nach der Geburt Deines Babys nachholen.

Des Weiteren solltest Du auch einen bestehenden Impfschutz gegenüber Tetanus, sprich dem Wundstarkrampf, und Diphterie besitzen. Auch eine Impfung gegen Influenza ist vor dem Eintritt Deiner Schwangerschaft empfehlenswert, da sich aus einer eintretenden Grippe in Kombination mit hohem Fieber eine Fehlgeburt ergeben kann – außerdem schützt Du durch eine solche Impfung zugleich auch Dein Baby vor einer Erkrankung.
Eine weitere Untersuchung, der Du bei einem Arztbesuch nachkommen solltest ist die Blutuntersuchung, denn diese kann Aufschluss darüber geben, ob in Deinem Körper ausreichend Abwehrstoffe, sprich Antikörper, vorhanden sind um Dich und Dein ungeborenes Baby vor Infektionskrankheiten wie AIDS, Genital- Herpes, Hepatitis B, Toxoplasmose oder auch Zytomegalie zu schützen.
Bei einem Kinderwunsch solltest Du vor allem aber auch über bereits bestehende akute und chronische Gesundheitsprobleme sprechen. Hierzu gehören zum Beispiel Bluthochdruck, Bronchial-Asthma, Diabetes mellitus, Epilepsie, Funktionsstörungen der Schilddrüse aber auch Erkrankungen des Herzens, der Leber oder der Nieren – all diese Krankheiten und Probleme solltest Du bei

TO DO

Deinem Gynäkologen beziehungsweise Deiner Gynäkologin ansprechen um eine eventuell bestehende medikamentöse Behandlung umzustellen, damit einem Baby kein Schaden zugefügt wird. Eine Umstellung der Medikation muss somit also nicht zwingend einen Nachteil für sich mitbringen, sondern sorgt in den meisten Fällen lediglich dafür, dass Deinem Babywunsch nichts im Wege steht und ein Kind gesund in Dir heranwachsen kann.
Sollte eine Deiner Medikationen den Wirkstoff Retinsäure beziehungsweise Isotretionin enthalten, so solltest Du diese Medikamente in jedem Fall bei einem bestehenden Kinderwunsch absetzen, denn die darin enthaltenen hohen Dosen an Vitamin A können Deinem ungeborenen Baby einen Schaden zufügen. Damit Du durch das Absetzen dieser Medikamente jedoch nicht benachteiligt wirst, solltest Du auch hierüber mit Deinem Arzt beziehungsweise Deiner Ärztin sprechen um eine geeignete Alternative für Dich zu finden.

Grundsätzlich gilt für Dich allerdings bei der Einnahme von Medikamenten, besonders freiverkäuflichen und nicht ärztlich angeordneten Medikamenten, Vorsicht walten zu lassen und gegebenenfalls noch einmal genauer mit Deinem Arzt oder Deiner Ärztin darüber zu sprechen.

Darüber hinaus solltest Du bereits vor dem Eintreten einer Schwangerschaft Deinen Krankenversicherungsschutz optimieren, da sich dies bei einer bereits bestehenden Schwangerschaft deutlich schwieriger gestalten kann.

TO DO

Besuche zudem einen Zahnarzt um die aktuelle Gesundheit Deiner Zähne zu überprüfen und gegebenenfalls notwendige Eingriffe bereits vor dem Eintreten der Schwangerschaft durchführen zu lassen. Denn letztlich sind zwar beispielsweise Röntgenuntersuchungen mit einer Bleischürze genauso wenig in der Schwangerschaft verboten wie es Betäubungsspritzen für die Behandlung sind, dennoch sollten sie nur dann durchgeführt werden, wenn es wirklich notwendig ist.

Im Übrigen ist mittlerweile durch wissenschaftliche Untersuchungen erwiesen worden, dass kein Zusammenhang zwischen Amalgamfüllungen mit ihrer Quecksilber-Belastung und der Unfruchtbarkeit einer Frau besteht. Somit ist es auch absolut kein Problem, wenn Du Dir vor dem Eintreten einer Schwangerschaft noch eine Zahnfüllung aus Amalgam setzen lässt, was im Übrigen auch bei einer bereits bestehenden Schwangerschaft keine Negativauswirkungen auf Dein ungeborenes Baby hat.
Sobald Du einen Kinderwunsch pflegst solltest Du außerdem aufhören zu rauchen und den Konsum von Alkohol enorm einschränken. Denn beides wirkt sich negativ auf Deine Fruchtbarkeit aus – im Übrigen auch dann, wenn Du nur passiv rauchst.

Nach Möglichkeit solltest Du darüber hinaus jegliche Form von Umweltgiften vermeiden. Das bedeutet, wenn Du einer beruflichen Tätigkeit nachgehst, bei der Du permanent in Kontakt mit gesundheitsschädigenden Stoffen wie beispielsweise giftigen Dämpfen, Gasen, Strahlen aber auch Lösungsmitteln und Pestiziden bist, so kann diese Tätigkeit sich schädigend auf Deine eigene Gesundheit und Deine Fruchtbarkeit aber vor allem auch auf Dein ungeborenes Baby auswirken, wenn Du bereits schwanger bist. Aufgrund dessen solltest Du in einem solchen Fall rechtzeitig das Gespräch mit Deinem Arbeitgeber suchen um in einen Tätigkeitsbereich zu wechseln, der für Dich und Dein Baby ungefährlich ist. Ganz davon abgesehen darfst Du diese Tätigkeit bei einer bestehenden Schwangerschaft auch allein schon aufgrund des Mutterschutzgesetzes nicht mehr ausüben.

Wenn Du Dich bereits an dem Punkt wiederfindest, an dem Du notwendigen Fragen geklärt sind und Du Dich nun endlich an die Erfüllung Deines Kinderwunsches machen möchtest, so können Dir unterschiedliche Dinge helfen unter Umständen schneller schwanger zu werden.

Du kannst Dich beispielsweise mit bestimmten Aromaölen massieren lassen, die Deine Fruchtbarkeit anregen. Zu diesen Ölen gehören beispielsweise das Geranien Öl, Mönchspfeffer Öl, Muskatellersalbeiöl sowie das Ylang Ylang-Öl. Sie alle wirken unterschiedlich auf den Körper der Frau.

Geranien Öl lässt die weiblichen Hormone beispielsweise optimal miteinander harmonieren und besitzt zudem eine angstlösende und stimmungsaufhellende Wirkung.

Das Mönchspfeffer Öl hat eine ähnliche Wirkung wie Progesteron und kann aufgrund dessen am besten dann genutzt werden, wenn Einnistungsstörungen vorliegen.

Das Muskatellersalbeiöl besitzt eine entkrampfende und stimulierende Wirkung auf die Produktion des Östrogens, was gerade in der ersten Hälfte des weiblichen Zyklus für die Auslösung des Ei-

sprunges wichtig ist und zugleich auf die Produktion des Progesteron, was wiederum innerhalb der zweiten Zyklushälfte vorbereitend auf die Gebärmutter-Schleimhaut einwirkt um diese auf die mögliche Einnistung der Eizelle einzustellen.
Das Ylang Ylang-Öl ist letztlich mit einem starken und vor allem harmonisierenden Duft behaftet, der sich nicht nur ausgleichend auf den Hormonhaushalt auswirkt, sondern darüber hinaus auch noch eine aphrodisierende und entspannende Wirkung entfaltet.

Allerdings wirkt das Geranien Öl nicht nur positiv auf die Fruchtbarkeit der Frau ein, sondern auch auf die des Mannes – ebenso wie die Massage mit einem Sandelholzöl.
Beim Mann bewirkt das Geranien Öl ebenfalls eine Harmonisierung der männlichen Hormone und wirkt auch auf ihn angstlösend sowie stimmungsaufhellend.
Das Sandelholzöl hingegen besitzt einen Stoff, welcher dem Testosteron des Mannes sehr ähnlich ist. Massierst Du Deinen Mann mit Sandelholzöl so wirkt es sich aphrodisierend, beruhigend aber auch stimmungsaufhellend auf ihn aus.

Des Weiteren gibt es einige Kräutertees, die ebenfalls eine positive Wirkung entfachen, da sie hormonähnlich sind und fördernd auf Dich einwirken. Zu den sogenannten Fruchtbarkeitstees, die gerade in der ersten Hälfte Deines Zyklus dabei helfen, Deine Eizellen reifen zu lassen und Deinen Eisprung auszulösen, zählen Basilikum-, Beifuß-, Frauenmantel-, Himbeerblätter-, Rosmarin- sowie Storchenschnabeltee. Sie alle besitzen an sich jedoch wieder unterschiedliche Wirkungsweisen auf den weiblichen Körper.

TO DO

Basilikumtee ist für die Anregung Deiner Keimdrüsen verantwortlich und fördert nicht zuletzt Deinen Eisprung sowie Deine Libido. Beifuß Tee sorgt für eine verstärkte Gestagen- sowie Östrogenproduktion. Darüber hinaus fördert auch dieser Tee den Eisprung – allerdings auch die Entgiftung. Frauenmanteltee wirkt sich harmonisierend auf Deinen Östrogenhaushalt aus und ist dafür verantwortlich, die Reifung Deiner Eizelle bis zum bevorstehenden Eisprung zu fördern. Himbeerblättertee besitzt eine hormonregulierende Wirkung und stärkt zugleich Deine Becken- und Gebärmuttermuskulatur. Außerdem wird der Aufbau Deiner Gebärmutterschleimhaut durch Himbeerblättertee unterstützt und Dein Zyklus reguliert sich ein wenig.

Rosmarintee bewirkt eine Anregung der Tätigkeit der Keimdrüsen und fördert den bevorstehenden Eisprung. Nicht zuletzt lässt sich auch eine positive Auswirkung auf die Leber aber auch auf die Stimmung wahrnehmen.
Storchenschnabeltee, wobei Storchenschnabel auch als Ruprechts Kraut bekannt ist, fördert die weibliche Fruchtbarkeit.
Außerdem bieten sich gewisse Teemischungen an um den Eintritt der Schwangerschaft zu fördern. So empfiehlt sich während der ersten Zyklushälfte ein Tee aus 10 Gramm Basilikum, 10 Gramm Himbeerblättern, 10 Gramm Rosmarin, 20 Gramm Eisenkraut, 20 Gramm Frauenmantel und 20 Gramm Holunderblüten. Für die Zubereitung des Tees gibst Du einfach alle sechs Zutaten in eine luftdichte Dose und vermengst davon pro Tasse einen Teelöffel mit heißem Wasser, was Du dann bedeckt für 10 Minuten ziehen lässt. Von diesem Tee solltest Du während Deiner ersten Zyklushälfte drei Tassen täglich trinken bis Deinen Eisprung einsetzt.

TO DO

Während der zweiten Hälfte Deines Zyklus, sprich vom 15. Tag bis zum Eintritt Deiner nächsten Periode, solltest Du unterstützend für die Einnistung sowie die Erhaltung der Schwangerschaft einen Tee aus 10 Gramm Brennnesselblättern, 10 Gramm Lavendel, 10 Gramm Melisse, 10 Gramm Rosenblättern, 20 Gramm Frauenmantel, 20 Gramm Mönchspfefferfrüchten und 20 Gramm Schafgarbe zubereiten. Auch hier gibst Du einen Teelöffel der Mischung in eine Tasse mit heißem Wasser und lässt den Tee für 10 Minuten bedeckt ziehen – von diesem Tee solltest Du dann ebenfalls drei Tassen täglich trinken.

Die Vorsorge *und der Mutterpass*

Während Deiner Schwangerschaft wirst Du insgesamt mindestens zehn Untersuchungen vor Dir haben, die Du unbedingt wahrnehmen solltest, denn in jeder dieser Vorsorgeuntersuchungen wird nachvollzogen, wie es um die Entwicklung Deines Babys sowie um Deine eigenen körperlichen Veränderungen steht. Sollten sich hierbei jegliche Anzeichen ergeben, dass etwas nicht stimmt oder ein Risiko für eine bestimmte Sache vorliegt, so kann umgehend gehandelt werden.

TO DO

Solltest Du zwischen den einzelnen Vorsorgeuntersuchungen mit irgendetwas Probleme haben, Dich nicht wohlfühlen oder Du einfach nur ein Gefühl der Unsicherheit verspüren, so ist es wichtig, dass Du Dir darüber im Klaren bist, dass Du auch dann Deinen Arzt beziehungsweise Deine Ärztin oder auch Deine Hebamme kontaktieren kannst, um die Angelegenheiten zu besprechen.
Außerdem stehen Dir die Vorsorgeuntersuchungen sogar gesetzlich zu und die Kosten hierfür werden von Deiner Krankenkasse übernommen – vollkommen irrelevant ob Du gesetzlich oder privat versichert bist. Innerhalb Deiner Berufstätigkeit kannst Du Dich sogar von Deinem Arzt bezahlt für die Zeit freistellen lassen, die Du für eine geeignete Arzt- beziehungsweise Hebammensuche benötigst.

Sobald Du Deine erste gynäkologische Untersuchung wahrnimmst und Deine Schwangerschaft festgestellt wurde, erhältst Du Deinen Mutterpass ausgehändigt. Dein Mutterpass ist dazu da, all die Untersuchungsergebnisse über Dich selbst aber auch über Dein Baby festzuhalten und stellt somit eine wichtige Informationsquelle sowohl für Deinen Gynäkologen beziehungsweise Deine Gynäkologin aber auch für Deine Hebamme und unter Umständen anderes medizinisches Personal dar. Umso wichtiger ist es, dass Du Deinen Mutterpass stets bei Dir hast und ihn auch für eine möglicherweise zweite, eintretende Schwangerschaft aufbewahrst.
In Deinem Mutterpass kannst Du die folgenden Untersuchungsergebnisse wiederfinden:

TO DO

Seite 2

Durchgeführte Untersuchungen auf eine Blutgruppenunverträglichkeit sowie Röteln

Bei diesen Untersuchungen wird mittels einer Untersuchung Deines Blutes bestimmt, welche Blutgruppenzugehörigkeit Du besitzt sowie Dein Rhesusfaktor, sprich die Antigene in Deinem Körper, die auf Deinen roten Blutkörperchen vorkommen, bestimmt. Außerdem wird über einen Antikörper-Suchtest getestet, ob in Deinem Blut Antikörper gegen Blutfaktoren enthalten sind – sollte dies der Fall sein, so schließen sich weitere Folgeuntersuchungen an. Auch der Röteln-HAH-Test wird auf der zweiten Seite Deines Mutterpasses eingetragen – der Test gibt dabei Aufschluss darüber, ob in Deinem Blut Antikörper gegen Rötelviren vorkommen.

Seite 3

Durchgeführte Untersuchungen auf Infektionen

Hier findest Du sämtliche Ergebnisse, die sich aus den vorgenommenen Untersuchungen ergeben haben. So ist ein Nachweis von dem sogenannten Chlamydia trachomatis-Antigen angeführt, eine wiederholende Antikörper-Suchtest- Kontrolle, ebenfalls ein weiterer Röteln-HAH-Test, sofern sich innerhalb des ersten Testes keine Antikörper finden lassen haben um zu kontrollieren, ob wirklich keine Antikörper vorhanden sind, ein sogenannter LSR-Test, bei der mittels einer Blutuntersuchung Lues- Bakterien, (Lues ist die Fachbezeichnung für Syphilis, was wiederum eine Geschlechtskrankheit ist) gesucht werden. Des Weiteren kannst Du auf der dritten Seite Deines Mutterpasses auch das Ergebnis Deines HIV-Testes und den Nachweis des Hepatitis B-Antigen finden.

Seite 4

Vorherige Schwangerschaften

Solltest Du bereits vorher schon einmal schwanger gewesen sein, so lassen sich aus dieser Schwangerschaft bereits einige Erkenntnisse ziehen sowie mög iche Risiken herausfinden. Auf der vierten Seite kannst Du eine entsprechende Tabelle finden, in der, der gesamte Verlauf Deiner vorherigen Schwangerschaft oder auch Schwangerschaften festgehalten ist inklusive der jeweiligen Geburt. Auch wird hier festgehalten ob die Geburt über einen Kaiserschnitt stattgefunden hat, Du bereits eine Fehlgeburt hattest oder auch ob bereits einmal ein Schwangerschaftsabbruch stattgefunden hat. Sollte eine Geburt außerhalb Deiner Gebärmutter vorgekommen werden, so werden auch diese Informationen in Deinem Mutterpass festgehalten – genauso wie die Information darüber, ob es bei einer Deiner vorherigen Geburten zu Komplikationen gekommen ist.
Außerdem ist auch ein Abschnitt mit Besonderheiten zu finden, der dazu gedacht ist, weitere vorgenommene Blutuntersuchungen zu dokumentieren.

TO DO

Seite 5

Deine allgemeine Krankengeschichte sowie Deine Beratung

Innerhalb Deines ersten Vorsorgetermins bei Deinem Gynäkologen beziehungsweise Deiner Gynäkologin wird eine sogenannte Anamnese mit Dir durchgeführt um mehr über Deine Vorgeschichte zu erfahren. Für diese Anamnese werden Dir 26 Fragen gestellt, die sich rund um Fehl- und Frühgeburten, die Du vielleicht schon einmal durchleben musstest, Dein Alter, Deine Allergien aber auch Deine bisherigen Erkrankungen und solche, die häufig in Deiner Familie vertreten sind, drehen.

Darüber hinaus werden hier auch Informationen über jegliche psychische sowie soziale Belastungen festgehalten, anhand derer auch herausgefunden werden kann, ob es sich bei Deiner Schwangerschaft unter Umständen um eine Risikoschwangerschaft handelt.
Innerhalb der Beratung werden alle gesundheitlichen Fragen geklärt, die zu Deiner Schwangerschaft bestehen könnten zugleich wirst Du auch über die möglichen Risiken aufgeklärt.
Themen innerhalb der Beratung sind also neben Deiner Ernährung auch Deine Arbeit, die Geburtsvorbereitung, der HIV- Antikörpertest, der Konsum von Alkohol sowie Tabak, die Krebsfrüherkennung, Medikamente, Reisen, Schwangerschaftsgymnastik und Sport, die Zahngesundheit aber auch Erläuterungen rund um die Möglichkeiten der Pränataldiagnostik. In Deinem Mutterpass wird bei der Beratung also vermerkt, dass dieses Gespräch stattgefunden hat und Du beraten wurdest.

TO DO

Seite 6

Besonderheiten im Verlauf Deiner Schwangerschaft sowie der errechnete Geburtstermin (ET)

Bei den Besonderheiten werden vordergründig Deine aktuellen Allgemeinerkrankungen sowie die besonderen Belastungen festgehalten, die Du während Deiner Schwangerschaft durchläufst. Außerdem wird auch die Einnahme sämtlicher Medikamente aber auch Dein Drogen- beziehungsweise Zigarettenkonsum dokumentiert.
Zudem werden auch Besonderheiten und Komplikationen notiert, die während Deiner Schwangerschaft auftreten – so können hier beispielsweise Erkrankungen wie Bluthochdruck, Ödeme oder eine Schwangerschaftsdiabetes auftauchen – jedoch auch Besonderheiten wie Blutungen oder vorzeitig auftretende Wehen, eine vorliegende Mehrlingsschwangerschaft oder auch eine Plazentainsuffizienz.
Auch hier findest Du 26 Angaben, anhand welcher eine Einstufung vorgenommen werden kann, ob bei Dir unter Umständen eine Risikoschwangerschaft vorliegt.

Außerdem wird im Rahmen Deiner ersten Vorsorgeuntersuchung auch gleich eine Terminbestimmung vorgenommen, an welchem Datum die Geburt Deines Babys voraussichtlich stattfinden wird. Dabei wird vom ersten Tag Deiner vorherigen Periode ausgerechnet – der Termin kann jedoch auch innerhalb der nachfolgenden Ultraschall-Untersuchungen noch korrigiert werden.

TO DO

Doch selbst wenn Du auf dieser Seite Deinen errechneten Geburtstermin finden wirst, so stellt dies lediglich eine grobe Richtlinie dar, denn Babys halten sich nur in den seltensten Fällen wirklich an eine Zeitangabe. Oftmals kann Dein Baby auch bereits zehn Tage vor oder sogar erst zehn Tage nach dem errechneten Geburtstermin das Licht der Welt erblicken.

Seite 7 und Seite 8

Das Gravidogramm

Auf diesen beiden Seiten findest Du ein doppelseitig angelegtes Gravidogramm, welches Dir einen Überblick über die Ergebnisse der stattgefundenen Vorsorge-untersuchungen gibt.

Dieses Diagramm wird immerzu aktualisiert, wodurch es immer dem aktuellen Stand entspricht.
In den ersten drei Spalten des Diagrammes findest Du das Datum, an welchem Deine Vorsorgeuntersuchung stattgefunden hat, die bisher angenommene Schwangerschaftswoche und unter Umständen die korrigierte Schwangerschaftswoche.
Die anschließenden Spalten sind für die Dokumentation der Entwicklung Deiner Schwangerschaft sowie der Entwicklung Deines Babys vorgesehen und enthalten darüber hinaus auch Angaben über Deinen aktuellen Gesundheitszustand.

TO DO

So wirst Du also Spalten vorfinden, in denen der Fundusstand, sprich die Lage des oberen Gebärmutterrandes, die Kindslage, Herztöne, Kindsbewegungen, Deine Gesundheit, RR, sprich einen niedrigen Blutdruck sowie Hb, also die Konzentration des Hämoglobin, dem eisenhaltigen roten Blutfarbstoff, und das Sediment, mit Angaben über die Ergebnisse der regelmäßigen Urinuntersuchungen, festgehalten sind.

Seite 9

Vorliegende Besonderheiten der Risikokataloge und Deine kardiotokografischen Befunde

Auf der neunten Seite werden Ergänzungen zu den Risikokatalogen aus Seite 5 und 6 aufgeschrieben. Hierzu gehören zum Beispiel Aspekte wie die genetische Beratung, welche gerade bei bestimmten, vorliegenden Erkrankungen und Risiken zusätzlich angeboten wird, aber auch die Amniozentese, sprich die Fruchtwasseruntersuchung.

Sollte es passieren, dass Du im Verlauf Deiner Schwangerschaft einen stationären Aufenthalt in einer Klinik durchlaufen musst, so werden auch die Befunde sowie die therapeutischen Maßnahmen auf dieser Seite notiert.
Der Kardiotokograf, der auch als Herzton-Wehen-Schreiber bekannt ist, überwacht die Herztöne Deines Babys zugleich aber auch die Wehenbereitschaft Deiner Gebärmutter.

Dies geschieht mittels elektronisch registrierten Signalen, deren Befunde letztlich in Deinen Mutterpass eingetragen werden.

Seite 10-12 sowie Seite 14

Deine Ultraschalluntersuchungen

Auf diesen Seiten findest Du die Ergebnisse aus allen drei Ultra-schall- Untersuchungen, die während Deiner Schwangerschaft vorgenommen werden.
Unter Umständen kann es notwendig sein, dass Du noch ergän-zende Untersuchungen wahrnehmen musst, da sich in einer Dei-ner bisherigen Ultraschalluntersuchung Auffälligkeiten ergeben haben – sollte dies der Fall sein, so werden auch diese Befunde in Deinem Mutterpass dokumentiert.
Im Durchschnitt werden bei Frauen etwa bis zu sechs Ultraschall-untersuchungen im Verlauf ihrer Schwangerschaft durchgeführt.

Seite 13

Die Normkurven für den fetalen Wachstumsverlauf

In den Normkurven auf der 13ten Seite kannst Du Informatio-nen finden, die die Ultraschall-Screenings Deines Babys erge-ben haben. So sind die Körperlänge aber auch der Kopf- und Bauchdurchmesser Deines Babys aufgeführt, was auf einen

Blick erkennen lässt, ob Dein Baby ein normales Wachstum besitzt.

Seite 15 und 16

Deine Abschlussuntersuchung

Auf diesen beiden Seiten sind noch einmal die wichtigsten Daten rund um Deinen Schwangerschaftsverlauf in einer Zusammenfassung wiederzufinden. Im zweiten Abschnitt wird der Geburtsverlauf dokumentiert, aber auch die Lage Deines Babys vor der Geburt, nachfolgend allerdings auch die Messdaten Deines Babys. Hier sind Informationen zu finden zu: wie groß und schwer Dein Baby bei der Geburt war sowie die Ergebnisse des Apgar-Tests, welche sich sowohl auf das Aussehen, sprich die Hautfarbe, Deines Babys beziehen aber auch auf Aspekte wie seine Atmung, die Auslösbarkeit seiner Reflexe, den Muskeltonus und den Puls.

Dabei gilt, dass ein Punktwert von 10 den bestmöglichen Wert darstellt – bei einem Wert, der niedriger als 7 liegt, kann es möglich sein, dass eine Störung vorliegt, sodass das Kind auf medizinische Hilfe angewiesen ist. Diese Störungen können jedoch oftmals nur von kurzer Dauer sein, sodass der Apgar-Test nach fünf sowie fünfzehn Minuten noch einmal wiederholt wird.

Außerdem wird Dein Baby einer Blutuntersuchung unterzogen, um den Säuregehalt, sprich den pH-Wert aus der Nabelschnurarterie, zu kontrollieren. Das Ergebnis gibt dabei Aufschluss darüber,

ob Dein Baby möglicherweise zunächst noch mit Sauerstoff versorgt werden muss. Auch Komplikationen, die sich während Deines Wochenbettes ergeben, werden auf diesen Seiten im Mutterpass notiert. Kurz bevor Du das Krankenhaus nach der Entbindung wieder verlassen darfst, wird noch eine Abschlussuntersuchung durchgeführt, bei der die Rückbildung Deiner Gebärmutter kontrolliert wird. Solltest Du Dir während der Geburt einen Dammriss oder Dammschnitt zugezogen haben, so wird auch dessen Verheilung noch einmal überprüft. Bei Deinem Baby wird abschließend noch ein direkter Coombs-Test durchgeführt, mit dem überprüft wird, ob sich im Blut Deines Babys Antikörper befinden.
Etwa sechs bis acht Wochen nach Deiner Entbindung wirst Du dann noch einmal untersucht. Das Ergebnis dieser Untersuchung ist dann auch das letzte, welches in Deinen Mutterpass eingetragen wird.

Deine zwei Checklisten

um den Überblick über alles Wichtige zu behalten

In diesem Kapitel findest Du zwei der wichtigsten Checklisten, die Dich sowohl auf Deinem Weg in die Schwangerschaft als auch während Deiner Schwangerschaft begleiten, damit Du stets den Überblick behalten kannst, was noch in der Kommenden Zeit ansteht. So vergisst Du auch garantiert nichts und du kannst Dich entspannt durch Deine Schwangerschaft führen lassen.

Dein Weg
in die Schwangerschaft

Lebensführung

Achte auf ein gesundes Gewicht mit einem BMI zwischen 19 und 25 Bleibe in Bewegung und halte Dich körperlich fit	
Verzichte auf Alkohol sowie Zigaretten	
Reduziere Deinen Stress	
Berücksichtige Dein Alter und plane dies nach Möglichkeit mit ein	
Bestimme Deinen Eisprung und nutze die fruchtbaren Tage	
Optimiere Deine Scheidengesundheit und verwende spermienfreundliches Gleitmittel	
Vereinbare einen Termin mit Deinem Gynäkologen beziehungsweise Deiner Gynäkologin	
Mache einen Zahnarzttermin aus und lasse Deine Zähne überprüfen	

Kontrolliere Deinen derzeit bestehenden Versicherungsschutz	
Sei vorsichtig was die Einnahme von Medikamenten betrifft	
Überprüfe Deine beruflichen Möglichkeiten und Rechte	
Plane Deine Finanzen	

Essgewohnheiten

Iss ausgewogen und gesund und achte dabei auf:	
Fett aus pflanzlichen Quellen oder ölreichen Fischen	
Kohlenhydrate aus Lebensmitteln mit einem hohen Vollkorngehalt	
Milch sowie Milchprodukte	
Obst sowie Gemüse, davon bestenfalls fünf Portionen täglich	

Proteine	
Nimm zusätzlich Nahrungsergänzungsmittel mit speziellen Mikronährstoffkomplexen – besonders wichtig ist Folsäure	
Schränke Deinen Koffeinkonsum ein	
Dein Partner sollte ebenfalls auf eine ausreichende Nährstoff- Versorgung achten um die Spermien- Qualität zu fördern	

Der Weg
durch deine Schwangerschaft

1. Trimester

Beginne mit der Einnahme von Folsäure	
Vereinbare einen Termin mit Deinem Gynäkologen beziehungsweise Deiner Gynäkologin	
Termin zur Bestätigung Deiner Schwangerschaft	
Termin zur pränatal diagnostischen Untersuchung → muss selbst gezahlt werden	
Ernähre Dich ausgewogen und gesund	
Trink täglich mindestens zwei Liter Wasser oder ungesüßten Tee	
Verzichte auf Alkohol, Drogen, Medikamente und Nikotin	

	✓
Teile Deinem Arbeitgeber mit, dass Du schwanger bist und nenne ihm den errechneten Geburtstermin	
Suche Dir eine geeignete Hebamme	
Sofern Du finanzielle Unterstützung benötigst wende Dich an eine Schwangerschaftsberatungs-stelle und reiche die entsprechenden Anträge ein	
Wechsle unter Umständen die Steuerklasse, wenn Du und Dein Partner somit Vorteile aus dem Elterngeld geltend machen könnt	
Sei vorsichtig im Umgang mit Katzen → Risiko der Übertragung von Toxoplasmose Erregern	
Melde Dein Baby bereits in einer Kindertagesstätte an und lasse Dich dort auf die Warteliste setzen	

2. Trimester

Nimm Deine monatlichen Vorsorge- Termine wahr	
Vereinbare Termine für die pränatal- diagnostischen Untersuchungen → müssen selbst gezahlt werden	
Mache einen Kontrolltermin mit Deinem Zahnarzt aus	
Melde Dich ab dem 6. Monat für einen Geburtsvorbereitungskurs an	
Melde Dich für einen Fitnesskurs speziell für Schwangere an (→ Aquafitness, Gymnastik, Schwimmen, Yoga...)	
Entscheide Dich für ein Geburtshaus oder eine Klinik und melde Dich dort an; suche Dir im Falle einer Hausgeburt die passende Hebamme	
Besuche Infoabende von Geburtseinrichtungen, um Dich über die Details zu informieren	
Erkundige Dich, ob Dir Mutterschaftsgeld zusteht und beantrage dieses bei der zuständigen Stelle	

als Festangestellte hast Du sechs Wochen vor sowie acht Wochen nach der Geburt einen Anspruch auf Mutterschaftsgeld, dieses erhältst Du von Deiner Krankenkasse und unter Umständen gibt es noch einen Zuschuss von Deinem Arbeitgeber	
als Familien- oder Privatversicherte erhältst Du das Mutterschaftsgeld vom Bundesversicherungsamt sowie gegebenenfalls einen Zuschuss von Deinem Arbeitgeber	
als Hausfrau steht Dir kein Mutterschaftsgeld zu	
Erkundige Dich beim Jugendamt, wann es sinnvoll ist, für Dein Baby einen Krippenplatz oder alternativ eine Tagesmutter zu suchen	
Lasse Dir vom Jugendamt eine Liste mit Adressen aushändigen	
Melde Dich für einen Säuglingspflegekurs an	
Gehe Umstandsmode und bequeme Basics einkaufen	
Fahre in den Urlaub und nutze noch einmal die letzte Zeit der Zweisamkeit mit Deinem Partner	
Für den werdenden Vater: bei Urlaubswunsch nach der Geburt, den entsprechenden Antrag frühzeitig einreichen	

3. Trimester

Nimm die Vorsorgeuntersuchungen wahr	
Kaufe die Erstausstattung für Dein Baby dazu gehören:	
Ein Autositz	
Ein Kinderwagen	
Ein Schlafsack	
Wickelutensilien	
Eine Wiege	
Plane und richte einen Wickelplatz und, wenn Du magst, ein Kinderzimmer ein	
Kaufe dir mindestens zwei Still-BHs	
Falls Du noch immer keine Hebamme gefunden hast, suche Dir eine, die bei der Nachsorge für Dich da ist oder erkundige Dich bei Deiner ausgewählten Klinik nach einer Hebamme	
Besorge Dir die Anträge für Eltern- sowie Kindergeld und fülle diese weitestgehend aus	

Für den werdenden Vater

Besteht der Wunsch nach der Geburt des Kindes Elternzeit in Anspruch zu nehmen, so den Antrag spätestens 7 Wochen vor Beginn der Elternzeit stellen	
Lasse Dir vor Beginn Deiner Elternzeit ein Zwischenzeugnis von Deinem Arbeitgeber ausstellen	
Besprich Deinen Wiedereinstieg in deine berufliche Tätigkeit mit Deinem Arbeitgeber	

8 – 10 Wochen vor der Geburt

Beginne Deine Kliniktasche zu packen – vergiss dabei nicht wichtige Unterlagen wie beispielsweise Deine Geburts-urkunde sowie die des werdenden Vaters und Dein Familien-Stammbuch, falls Du eines besitzt	
Erkundige Dich bei Deiner Kranken-kasse nach dem Versicherungsstatus Deines Babys nach der Geburt	
Wenn Du mit dem werdenden Vater verheiratet bist und Ihr beide der gesetzlichen Kranken-versicherung angehört, so ist Dein Kind im Normalfall bei dem besserverdienenden Elternteil familienversichert	

Wenn Du mit dem werdenden Vater nicht verheiratet oder privat krankenversichert bist, so musst Du Deine Krankenkasse rechtzeitig kontaktieren	

7 Wochen vor der Geburt:

Gib die Bescheinigung über den errechneten Geburtstermin Deines Gynäkologen beziehungs- weise Deiner Gynäkologin bei Deiner Krankenkasse ab → wichtig für Dein Mutterschaftsgeld	

6 Wochen vor der Geburt:

Falls Du bereits Kinder hast, kümmere Dich um einen Babysitter	

3 Wochen vor der Geburt:

Plane Deinen Transport in die Geburtsklinik	
Notiere Dir die wichtigsten Telefonnummern	

Achte darauf, dass Dein Babysitter abrufbereit ist	
Organisiere Dir Hilfe, die Du in der ersten Zeit nach der Geburt benötigst, → Familie, Freunde, Partner	
Sofern Du bestimmte Voraussetzungen erfüllst, kannst Du bei Deiner Krankenkasse einen Antrag auf eine Haushaltshilfe stellen	
Suche Dir einen Kinderarzt, der die U3- und U2-Untersuchung Deines Babys vornehmen kann, → beide Untersuchungen finden bereits in den ersten Lebenswochen Deines Babys statt	
Entwirf eine Geburtsanzeige, wo Du nach der Geburt lediglich noch die Daten sowie ein Foto Deines Babys einfügen musst	
Wenn Du mit dem werdenden Vater nicht verheiratet bist, so kümmere Dich beim Standes- beziehungsweise Jugendamt um die Anerkennung der Vaterschaft	

2 Wochen vor der Geburt:

Kaufe Lebensmittelvorräte ein	
Koche Mahlzeiten vor und friere diese ein	
Wasche die neue Kleidung Deines Babys um die übrigen Textilrückstände zu entfernen	
Reinige das Fläschchen sowie den Schnuller Deines Babys	

Nach der Geburt

Innerhalb einer Woche:

Gehe zum Standesamt und lasse Dir die Geburtsurkunde Deines Babys mindestens vierfach ausstellen dafür benötigst Du:	
eine Bescheinigung der Geburtsklinik	
Deine Geburtsurkunde und die Deines Partners	
Deinen Personalausweis und den Deines Partners	

Deine Heiratsurkunde beziehungsweise die Vaterschaftsanerkennung	

Schnellstmöglich nach der Geburt:

Deinen Antrag auf Mutterschafts-geld zusammen mit einer Ausfertigung der Geburtsurkunde Deines Babys an die zuständige Stelle senden	

Bis sieben Wochen vor Beginn der Elternzeit – meistens eine Woche nach der Geburt:

Sprich Deine Elternzeit mit Deinem Arbeitgeber ab und melde sie schriftlich an	
Reiche den Antrag auf Elterngeld bei der Elterngeldstelle ein. Dafür benötigst Du:	
eine Ausfertigung der Geburtsurkunde Deines Babys	
Eine Bescheinigung Deiner Krankenkasse	
Eine Bescheinigung Deines Arbeitsgebers hinsichtlich des Mutterschaftsgeldes	
Deine Einkommenssteuer-erklärung	
Die Einkommenssteuer-erklärung Deines Partners	

Beantrage bei einer Krankenkasse den Versicherungsschutz für Dein Baby und lasse Dich dazu beraten	
Melde Dein Baby beim Einwohnermeldeamt an und beantrage einen Pass für Dein Baby. Dafür werden folgende Dinge benötigt:	
Dein Personalausweis	
Den Personalausweis Deines Partners	
Die Geburtsurkunde Deines Babys	
Die Bescheinigung über die Vaterschaft Deines Partners	
Ein Lichtbild Deines Babys nach den behördlichen Vorgaben.	
Beantrage das Kindergeld mit einer Ausfertigung der Geburtsurkunde Deines Babys	
Stelle die Geburtsanzeige Deines Babys fertig und schicke diese an die gewünschten Personen / die Zeitung	

Etwa 6 Wochen nach der Geburt:

Melde Dich für einen Rückbildungskurs an	

Regelmäßige Untersuchungen *in Deiner Schwangerschaft*

Wann genau Du in Deiner Schwangerschaft das erste Mal Deinen Gynäkologen beziehungsweise Deine Gynäkologin aufsuchst bleibt Dir überlassen sofern Du keine Beschwerden verspürst. Eine grundsätzliche Empfehlung der meisten Ärzte besagt jedoch, dass es ratsam ist, etwa ab der fünften Woche Deiner Schwangerschaft einen ersten Untersuchungstermin wahrzunehmen.
Deine erste Schwangerschaftswoche beginnt generell am ersten Tag Deiner zurückliegenden Periode, was bedeutet, dass das Ausbleiben Deiner aktuellen Periode bereits in der vierten bis fünften Schwangerschaftswoche liegt.
Doch was genau geschieht nun beim Gynäkologen während dieser Untersuchungen und welche Untersuchungen gibt es überhaupt?

Dein Gynäkologe beziehungsweise Deine Gynäkologin führt im Rahmen jeder Deiner Schwangerschafts-untersuchungen eine allgemeine Vorsorgeuntersuchung durch.

Im Rahmen dieser wirst Du gewogen, damit Dein Arzt beziehungsweise Deine Ärztin nachvollziehen kann, wie schnell und vor allem auch wie viel Du im Laufe der Zeit zunimmst.
Des Weiteren wird er auch Deinen Blutdruck messen, denn sobald dieser einen zu niedrigen Wert aufweist, kann es dazu kommen, dass Du unter Kreislaufproblemen leidest.
Wohingegen bei einem vorliegenden zu hohen Blutdruck geprüft wird ob es sich unter Umständen um eine Bluthochdruckerkrankung wie zum Beispiel Präeklampsie handelt.
Außerdem wird bei der gynäkologischen Untersuchung kontrolliert, wie es um Deinen Muttermund und Deine Gebärmutter steht, wobei Deine Gebärmutter sich bis zu der Geburt Deines Babys sogar bis in die Nähe Deiner unteren Rippen ausdehnen wird. Gegebenenfalls erfolgt dabei zusätzlich eine Krebsvorsorge falls Deine letzte bereits länger zurückliegen sollte.
Darüber hinaus gibst Du bei jeder allgemeinen Untersuchung eine Urinprobe ab. Diese ist dazu gedacht den Zuckerstand in Deinem Urin zu überprüfen, um herauszufinden, ob möglicherweise ein gestörter Glukosestoffwechsel vorliegt wie es zum Beispiel bei der sogenannten Gestationsdiabetes der Fall ist. Eiweiß in Deinem Urin hingegen kann darauf hindeuten, dass unter Umständen eine schwangerschaftsbedingte Krankheit vorliegt.
Auch werden innerhalb dieser allgemeinen Untersuchungen die Herztöne sowie die Lage Deines Babys kontrolliert.

Die sich ergebenden Untersuchungs-ergebnisse werden gemeinsam mit den Ultraschall-Screenings in Deinen Mutterpass eingetragen. Dabei unterliegen die Ultraschall-Screenings den soge-

nannten Mutterschafts-richtlinien und gehören somit zu der gesetzlichen Vorsorge. Gegenteilig gibt es dann auch noch die sogenannten individuellen Gesundheitsleistungen, kurz iGeL, welche nur dann durchgeführt werden, wenn Du es ausdrücklich von Deinem Arzt beziehungsweise Deiner Ärztin verlangst oder andernfalls ein besonderes Risiko innerhalb Deiner Schwangerschaft vorliegt. Sollte dies der Fall sein, so übernimmt Deine Krankenkasse die Kosten für diese zusätzlichen Untersuchungen.
Insgesamt durchläufst Du während Deiner gesamten Schwangerschaft mindestens zehn Untersuchungen, wobei Du in den ersten Monaten lediglich einen gynäkologischen Termin monatlich hast und ab der dreizigsten Schwangerschaftswoche dann im 2- Wochen-Rhythmus zu den gynäkologischen Untersuchungen musst.

Die **erste Untersuchung** in Deiner Schwangerschaft findet **zwischen der vierten und achten Schwangerschaftswoche** statt.
In dieser Untersuchung wird in erster Linie Deine Schwangerschaft festgestellt und bestimmt, in welcher Schwangerschafts-woche Du Dich aktuell befindest, wodurch dann auch der voraussichtliche Geburtstermin Deines Babys errechnet werden kann.
Außerdem werden Dir während dieser Untersuchung Blut abgenommen sowie Deine Blutgruppe und der sogenannte Rhesusfaktor bestimmt.
Darüber hinaus finden ein Antikörpersuch- und ein Rötelntest statt. Auch der sogenannte Lues Test und eine Hämoglobinbestimmung finden während dieses Untersuchungstermins statt.
Dein Gynäkologe beziehungsweise Deine Gynäkologin wird zudem einen Abstrich nehmen um diesen auf Chlamydien zu testen um

dann im Anschluss ein Gespräch mit Dir zu führen, in dem er beziehungsweise sie Dir noch allgemeine Informationen zu Deiner Schwangerschaft sowie ihrem Ablauf geben wird. Zugleich wird Dir an diesem Tag auch Dein Mutterpass ausgestellt.
Wenn Du magst kannst Du innerhalb der ersten Untersuchung auch kostenpflichtige Zusatzleistungen wie einen Früh-Ultraschall wahrnehmen, der der Schwangerschaftsfeststellung gilt, einer Bescheinigung über Deine Schwangerschaft für Deinen Arbeitgeber oder auch eine Blutuntersuchung auf Cytomegalie, Listeriose und Toxoplasmose.

Zur **zweiten Untersuchung** gehst Du **zwischen Deiner neunten und zwölften Schwangerschaftswoche**.
Während dieser Untersuchung wird der erste Ultraschall durchgeführt, sodass Du auch das erste Bild Deines noch ungeborenen Babys in der Hand halten kannst. Während des Ultraschalls achtet Dein Gynäkologe beziehungsweise Deine Gynäkologin besonders auch darauf, ob sich der Embryo tatsächlich wie gewünscht in Deiner Gebärmutter eingenistet hat.
Durch den Ultraschall kann zudem festgestellt werden, wie groß Dein Baby derzeit ist, was die Errechnung des Alters Deines Babys und auch die Prognose des voraussichtlichen Entbindungstermins ermöglicht. Solltest Du mehrere Kinder in Dir tragen, so wird auch das auf diesem ersten Ultraschall sichtbar – außerdem können unter Umständen sogar die ersten Herztöne Deines Babys hörbar sein.

Die **dritte Untersuchung** lässt Du **zwischen der 13ten und 16ten Schwangerschaftswoche** durchführen.

Hier besteht eine höhere Wahrscheinlichkeit die Herztöne Deines Babys hören zu können, sodass Dein Arzt beziehungsweise Deine Ärztin sich ab der zwölften Woche verstärkt damit befasst, die Herztöne zu suchen. Dabei gibt der Rhythmus sowie die Anzahl der Herzschläge pro Minute Aufschluss darüber, ob es Deinem Baby auch wirklich gut geht.

Gerade dieses Erlebnis, den Herzschlag Deines Babys zum ersten Mal hören zu können, kann besonders berührend und emotional sein.

Wenn Du magst kannst Du darüber hinaus auch Zusatzleistungen in Anspruch nehmen, die jedoch kostenpflichtig sind. Zu den Zusatzleistungen innerhalb der dritten Untersuchung gehört beispielsweise das Ersttrimester-Screening durch eine Nackentransparenz-Messung. Dabei wird neben der Nackenfalte und der Scheitel-Steißlänge Deines Babys auch die Konzentration des pregnancy associated Plasma Protein A, kurz PAPP- A, einem Eiweiß, welches speziell in der Schwangerschaft auftritt sowie die des typischen Schwangerschaftshormons Beta-HCG in Deinem Blut kontrolliert. Ein Risikowert lässt sich dann, unter Berücksichtigung Deines Alters, errechnen.

Zwischen der 17ten und 19ten Schwangerschaftswoche steht dann Deine **vierte Untersuchung** an.

Neben der allgemeinen Vorsorgeuntersuchung steht Dir bei der vierten Untersuchung die Möglichkeit offen, Dich für eine weitere kostenpflichtige Zusatzleistung zu entscheiden. Hierbei geht es um die Alpha-Fetoprotein-, kurz AFP-, Bestimmung. Das Alpha-Fetoprotein bildet sich im Verlauf der Schwangerschaft mit dem Voranschreiten der Entwicklung Deines Embryos. Die Höhe dieses Protein-Wertes gibt Aufschluss darüber, wie groß das Risiko einzuschätzen ist, dass Du ein Baby gebärst, welches unter dem Down- Syndrom oder einem offenen Rücken, auch Neuralrohrdefekt beziehungsweise Spina Bifida, leidet.

Die **fünfte Untersuchung** folgt dann **zwischen der 19ten und 22ten Schwangerschaftswoche**.
Im Rahmen dieser Untersuchung wird dann die zweite Ultraschalluntersuchung durchgeführt – in diesem Fall wird sie auch als „Großer Ultraschall“ bezeichnet, da Dein Arzt sich mit mehreren Aspekten befasst. So geht es nicht nur um die Vermessung Deines Babys, sondern auch darum, ob die Organe Deines Babys gut angelegt sind, ob der Sitz sowie die Struktur Deiner Plazenta in Ordnung sind und letztlich auch darum zu bestimmen, wie groß die Fruchtwassermenge ist.
Die Ergebnisse, die sich innerhalb dieses Screenings ergeben, werden von Deinem Gynäkologen beziehungsweise Deiner Gynäkologin dann in Deinem Mutterpass eingetragen – in diesem Fall wird dafür das Normkurven-Diagramm verwendet, welches Du auf Seite 14 in Deinem Mutterpass finden kannst.
In den meisten Fällen lässt sich in der fünften Untersuchung auch feststellen, ob Dein Baby ein Junge oder doch ein Mädchen ist. Auch dieser Termin kann somit ein sehr emotionales Erlebnis für Dich sein, welches von großer Freude geprägt sein kann.

Auch während dieser Untersuchung kannst Du Dich für kostenpflichtige Zusatzleistungen entscheiden. Im Falle dieser Untersuchung können dies ein 3D- oder auch 4D-Ultraschall, ein Doppler-Ultraschall oder auch ein zweiter Toxoplasmose-Test sein.
Der Doppler-Ultraschall dient der Feststellung einer möglichen Gestosegefährdung, wobei Gestose vor allem in der Zeit ab Deiner 20. Schwangerschaftswoche auftreten kann. Bemerkbar machen kann sich Gestose durch Symptome wie einen erhöhten Blutdruck, eine eingeschränkte Nierenfunktion oder auch Wassereinlagerungen. Der Anstieg Deines Blutdruckes kann für Dein Baby eine Gefährdung darstellen, da zeitweilig die Durchblutung der Plazenta gestört sein kann.

Deine **sechste Untersuchung**, die **zwischen der 23ten und 25ten Schwangerschaftswoche** stattfindet, ist eine reine Schwangerschafts-untersuchung.

Die **siebte Untersuchung**, die **zwischen Deiner 26ten und 28ten Schwangerschaftswoche** stattfindet, ist hingegen wieder etwas umfangreicher.
Während der Untersuchung wird durch einen oralen Glucosetoleranztest, kurz OGtt, getestet, ob Du möglicherweise unter einer Schwangerschaftsdiabetes leidest. Damit der Test aussagekräftig ist musst Du vor dem sogenannten Zuckerbelastungstest nüchtern sein um dann eine Zuckerlösung zu trinken.
Darüber hinaus wird Dir, je nach angewendetem Test, innerhalb der nächsten ein bis zwei Stunden mehrmals Blut abgenommen.

Zwischen der 29ten und 32ten Schwangerschaftswoche findet Deine **achte Untersuchung** statt.
In Rahmen dieser Schwangerschafts-untersuchung findet auch Deine dritte Ultraschalluntersuchung statt – auch hier werden wie beim „Großen Ultraschall" der fünften Untersuchung noch einmal das Wachstum Deines Babys sowie seine Herzfunktionen getestet, der Sitz und die Struktur Deiner Plazenta noch einmal kontrolliert, da sich der Sitz Deiner Plazenta von nun an nicht mehr verändern wird, sowie Deine Fruchtwassermenge gemessen.
Außerdem wird ab jetzt zusätzlich eine Kardiotokographie, kurz CTG, durchgeführt um die Herztöne Deines Babys sowie Deine Wehen überwachen zu können.
Von diesem Zeitpunkt an finden Deine gynäkologischen Untersuchungen im 2- Wochen-Rhythmus statt.
Als kostenpflichtige Zusatzleistungen wird Dir während der achten Untersuchung noch einmal ein 3D- oder 4D-Ultraschall angeboten.

Deine **neunte Untersuchung** steht **ab der 32ten Schwangerschaftswoche** an.
In der neunten Untersuchung wird die sogenannte HBs-Antigen-Bestimmung vorgenommen. Durch die Kontrolle des HBs-Antigens lässt sich herausfinden, ob Du möglicherweise einen Hepatitis-B-Virus in dir trägst, mit dem Du Dein Baby anstecken könntest. Sollte sich also innerhalb der Untersuchung herausstellen, dass Du den Virus tatsächlich in Dir trägst, so können noch rechtzeitig Maßnahmen eingeleitet werden um Dein Baby umgehend nach der Geburt dagegen zu immunisieren.

Auch während der neunten Untersuchung wird Dir als kostenpflichtige Zusatzleistung noch einmal der Doppler-Ultraschall angeboten um festzustellen, wie es um die Funktion Deiner Plazenta steht.

Die **zehnte Untersuchung** steht **zwischen Deiner 36ten und 38ten Schwangerschaftswoche** an, **die elfte Untersuchung zwischen Deiner 39ten und 40 Schwangerschaftswoche**.
Bei beiden Terminen findet eine reguläre Schwangerschaftsuntersuchung statt, ergänzt unter Umständen durch einen weiteren CTG um Deine aktuelle Wehentätigkeit zu messen und die Herztöne zu kontrollieren.
Wenn Du magst hast Du bei diesen Untersuchungen noch einmal die Möglichkeit die kostenpflichtige Zusatzleistung in Anspruch zu nehmen.

Während dieser beiden Termine ist dies der B-Streptokokken Test innerhalb des sogenannten GBS-Screenings.
Bei den B-Streptokokken handelt es sich um eine spezielle Art von Bakterien, die vordergründig in Deinem Darm oder auch in Deiner Scheide vorkommen. Um Dein Baby vor einer Infektion mit dieser Bakterienart zu verhindern ist es ratsam, dass Du gegen Ende Deiner Schwangerschaft eine mikrobiologische Untersuchung durchführen lässt, ob Du mit B-Streptokokken infiziert bist.
Grundsätzlich fällt dieses GBS-Screening nicht unter die gesetzliche Mutterschaftsvorsorge, allerdings wird es von Fachgesellschaften angeraten.

Solltest Du Dich während der **40ten bis 42ten Schwangerschaftswoche** immer noch inmitten Deiner Schwangerschaft befinden und noch nicht entbunden haben, so ist es wichtig, dass Du fortan **alle zwei Tage** zu Deinem Gynäkologen beziehungsweise Deiner Gynäkologin gehst oder Deine Hebamme aufsuchst.
In diesem Fall wird dann an jedem zweiten Tag eine reguläre Schwangerschaftsuntersuchung vorgenommen – darüber hinaus finden dann auch noch ein CTG und die Bestimmung Deiner Fruchtwassermenge statt.

Sollten die Untersuchungsergebnisse unauffällig sein, so wird angeraten, dass ab dem zehnten Tag nach Deinem errechneten Geburtstermin damit begonnen wird, die Geburt Deines Babys einzuleiten. Neben dem Ersttrimester-Screening, welches zu den kostenpflichtigen Zusatzleistungen gehört, welches Dir ab der dritten Untersuchung angeboten wird, gibt es noch weitere Untersuchungen und Tests in dem gynäkologischen Leistungsspektrum, welche Du in Anspruch nehmen kannst.

» Der Harmony Test

Der sogenannte Harmony-Test wird meist dann durchgeführt, wenn sich innerhalb eines vorgenommenen Ersttrimester-Screenings Hinweise auf eine möglicherweise vorliegende Erkrankung ergeben haben. Dieser Test bietet mit mehr als 99 Prozent die höchstmögliche Rate der Erkennung für eine gegebenenfalls vorliegende Erkrankung an Trisomie 21, dem bekannten Down-Syndrom. Der früheste Zeitpunkt ab dem der Harmony-Test, den Du übrigens auch anstelle des Ersttrimester-Screenings durchführen kannst, angewendet wird ist Deine 11te Schwangerschaftswoche.
Sollte bei Dir kein Risiko vorliegen, so musst Du die anfallenden Kosten von rund 300 Euro für den Harmony-Test selbst zahlen.

» Die Chorionzottenbiopsie

Die Chorionzottenbiopsie kann ebenfalls ab der 11ten Schwangerschaftswoche durchgeführt werden. Für diese Untersuchung wird etwas Deines Mutterkuchengewebes entnommen, an dem eine Veränderung der Chromosomenzahl erkennbar sein kann. Nachgewiesen werden können auf diesem Weg sowohl genetische Erkrankungen des Babys wie die Trisomie 8, der Trisomie 13, also dem sogenannten Pätau-Syndrom, der Trisomie 18, auch als Edwards- Syndrom bezeichnet, Trisomie 21, bekannt als Down-Syndrom, als auch einige Stoffwechsel-

und Erberkrankungen wie die Bluterkrankheit, auch Hämophilie, die Mukoviszidose oder den Muskelschwund, auch Muskeldystrophie genannt. Zum Einsatz kommt die Chorionzottenbiopsie vor allem dann, wenn das Risiko einer möglichen Fehlgeburt geringer ist als die Wahrscheinlichkeit, dass Dein Baby unter einer Chromosomenbesonderheit oder einer Erbkrankheit leidet.
Empfohlen wird die Chorionzottenbiopsie aber vor allem auch werdenden Müttern, die bereits älter als 35 Jahre sind oder die möglicherweise schon ein Kind mit einer Chromosomenstörung beziehungsweise einer Erbkrankheit haben – letzteres gilt auch für den gesamten Familienkreis. Auch angeraten ist diese Untersuchung bei Frauen, die selbst oder auch ihr Partner einen genetischen Defekt haben oder für den Fall, dass sich innerhalb eines Ultraschalls bereits Auffälligkeiten ergeben haben.
Sofern Dein Gynäkologe eine Chorionzottenbiopsie als notwendig empfindet kommt Deine Krankenkasse für die anfallenden Kosten auf. Möchtest Du die Untersuchung allerdings auch ohne das Anraten Deines Gynäkologen beziehungsweise Deiner Gynäkologin durchführen lassen, so musst Du für die anfallen Kosten in Höhe von rund 100 Euro aufkommen.

» Die Feindiagnostik

Die Feindiagnostik, die auch als Organscreening bezeichnet wird, findet im Normalfall zwischen der 20ten und 22ten Schwangerschafts-woche statt. Im Rahmen der Feindiagnostik wird mit Hilfe spezieller Ultraschallgeräte die Organlage sowie

die Entwicklung und das Wachstum des ungeborenen Babys überprüft. Zwar erhält heutzutage nahezu jede Schwangere die Feindiagnostik, dennoch gehört diese grundsätzlich nicht zum normalen Vorsorge-programm sondern wird im Normalfall lediglich bei Auffälligkeiten eingesetzt.
Die Kosten für das Organscreening werden allerdings mittlerweile von den meisten Krankenkassen übernommen.

» Die Amniozentese

Die Amniozentese, auch bekannt als Fruchtwasserpunktion, empfiehlt sich vor allem für Frauen, die ein Alter von 35 Jahren bereits überschritten haben, bei denen sich innerhalb der vorherigen Ultraschalluntersuchungen Auffälligkeiten ergeben haben oder in deren Familie bereits Vorbelastungen aufzufinden sind. Die Fruchtwasserpunktion gehört ebenfalls zu den freiwilligen Untersuchungen, die Du durchführen lassen kannst. Durch die Amniozentese können beispielsweise Neuraldefekte erkannt werden – was jedoch auch innerhalb der Feindiagnostik möglich ist.

Da die Amniozentese mit einem hohen Risiko eines möglichen Blasensprunges oder auch einer Infektion verbunden ist, solltest Du Dir vorher genau überlegen, ob Du diese Untersuchung durchführen lassen möchtest.

Liegen spezielle Gründe vor, so werden die anfallenden Kosten in Höhe von etwa 100 Euro von Deiner Krankenkasse übernommen – andernfalls musst Du für die entstandenen Kosten selbst aufkommen.

Impfungen *in der Schwangerschaft*

Gerade wenn Du vorhast schwanger zu werden ist es enorm wichtig, dass Du Dich gegen gewisse Erkrankungen impfen lässt – und das noch bevor die Schwangerschaft bei Dir eintritt. Immerhin stellen Impfungen den wohl sichersten Schutz gegen schwere Infektionskrankheiten dar – und wenn eine Schwangerschaft erst einmal eingetreten ist, wird mit Impfungen vorsichtig umgegangen, sodass diese nur noch dann vorgenommen werden, wenn es wirklich notwendig ist. Grundsätzlich gilt dabei jedoch, dass Dein Arzt beziehungsweise Deine Ärztin nicht mehr mit Lebendimpfstoffen* innerhalb der Schwangerschaft impfen wird, wodurch die Impfungen vor dem Eintreten der Schwangerschaft noch wichtiger sind.
Von hoher Relevanz sind vor Deiner Schwangerschaft Impfungen gegen Röteln und Windpocken, sprich Varizellen, denn beide Erkrankungen können bei Deinem Baby innerhalb einer Schwangerschaft schwerwiegenden Schäden herbeiführen. Wenn Du keinen Impfschutz gegen Windpocken besitzt und die Erkrankung auftritt,

wenn Du kurz vor der Geburt stehst, so kann dies im schlimmsten Fall lebensgefährlich für Dein Baby werden.
Aufgrund dessen wird von der Ständigen Impfkommission, kurz STIKO, eine zweifache Impfung gegen Röteln angeraten sofern Du noch nicht geimpft bist oder Du keine Kenntnis über Deinen aktuellen Impfstatus besitzt. Denn letztlich ist es notwendig, dass bei einer einmaligen Impfung gegen Röteln eine zweite Impfung durchgeführt wird.
Solltest Du also nicht wissen, ob Du bereits zweifach gegen Röteln geimpft bist, so wird im Rahmen Deiner Schwangerschaft eine Überprüfung Deiner Immunität vorgenommen. Ähnliches gilt auch, wenn Du Dich im gebärfähigen Alter befindest und Du nicht weißt, wie es hinsichtlich der Impfung gegen Windpocken aussieht. Auch hier kann eine entsprechende Antikörperbestimmung durchgeführt werden, um zu schauen, wie es um Deinen Impfstatus steht – fällt das Ergebnis bei dieser Bestimmung negativ aus, so wirst Du noch zwei Mal gegen Windpocken geimpft.
Die Impfung, welche Du gegen Röteln gespritzt bekommst, ist ein sogenannter MMR-Impfstoff, welcher Dich nicht nur gegen Röteln impft, sondern darüber hinaus auch einen Schutz vor Masern und Mumps bietet. Sollte Dir darüber hinaus auch die Windpocken-Impfung fehlen, so kann Dir auch ein MMRV- Impfstoff gespritzt werden. Fehlt Dir ausschließlich die Impfung gegen

Masern oder Windpocken, so können diese jeweils auch mit einem Einzelimpfstoff durchgeführt werden.
Da die Impfungen gegen Gelbfieber, Masern, Mumps, Röteln sowie Varizellen über Lebendimpfungen durchgeführt werden, ist es angeraten, dass Du erst einmal für einen Monat nach der Impfung

verhütest um nicht schwanger zu werden und Dein Kind unter Umständen einem gesundheitlichen Risiko auszusetzen.
Des Weiteren solltest Du Dich gegen Keuchhusten, fachsprachlich Pertussis, impfen lassen – und das ebenfalls bereits vor der Geburt. Solltest Du dies jedoch nicht schaffen, ist es ratsam, die Impfung bereits wenige Tage nach der Entbindung Deines Babys durchführen zu lassen, damit Du Dein Baby nicht anstecken kannst. Denn letzten Endes kann Dein Baby erst mit zwei Monaten gegen Keuchhusten geimpft werden, sodass bis zu diesem Zeitpunkt eine Ansteckungsgefahr bestünde. Im gleichen Zuge solltest Du auch überprüfen, wie es um den Impfstatus bezüglich des Keuchhustens bei Deinem Partner, den Großeltern Deines Babys sowie möglichen Geschwistern Deines Babys steht um auch hier die Ansteckungsgefahr vermeiden zu können. Sollte der Impfschutz bei ihnen bereits mehr als zehn Jahre zurückliegen, so sollten auch sie ihren Impfschutz gegen Keuchhusten bestenfalls bis spätestens vier Wochen vor der Geburt Deines Babys auffrischen lassen.
Eine weitere Impfung, die Du unbedingt vor der Geburt noch durchführen lassen solltest ist die Impfung gegen Hepatitis B, denn hier besteht eine besonders hohe Gefährdung, dass Du die Erkrankung auf Dein Kind übertragen könntest. Bei dieser Impfung gilt jedoch die Ausnahme, denn wenn Du es vor der Schwangerschaft nicht geschafft hast, Dich gegen Hepatitis B impfen zu lassen, so wird diese Impfung auch innerhalb Deiner Schwangerschaft noch vorgenommen.
Grundsätzlich solltest Du jedoch noch einmal einen Blick in Deinen Impfpass werfen, um zu kontrollieren, welche Impfungen Du am besten noch nachholen oder auffrischen lassen solltest. Besonders

wichtig sind hierbei beispielsweise Erkrankungen wie Diphtherie, Polio oder auch Tetanus – allerdings ebenfalls eine Grippe- Impfung. Grippe-Impfungen solltest Du jährlich durchführen lassen – besonders dann, wenn Du vorhast schwanger zu werden, denn ein unzureichender Schutz gegen Grippe kann zu schwerwiegenden Grippeverläufen führen, die im schlimmsten Fall Dein Baby schädigen können.
Innerhalb Deiner Schwangerschaft kann Dein Arzt beziehungsweise Deine Ärztin zwar keine Impfungen mehr über einen Lebendimpfstoff durchführen – allerdings ist es möglich, dass Du gewisse Impfungen über einen Totimpfstoff* injiziert bekommst. Doch auch hier gilt die Notwendigkeit der Impfung abzuwägen, denn letztlich sollten Impfungen, bei denen es möglich ist, diese zu verschieben, lieber auf den Zeitraum des Wochenbettes terminiert werden. Die einzige Ausnahme von dieser Empfehlung bildet die Impfung gegen Gelbfieber.
Die folgenden Impfungen gehören zu jenen, die Du auch während Deiner Schwangerschaft durchführen lassen darfst – jedoch immer vor dem Hintergrund, dass Du dies nur dann tun solltest, wenn es wirklich notwendig ist.

» Diphtherie (Injektionsimpfstoff)

Eine Impfung gegen Diphtherie ist wichtig – aufgrund dessen solltest Du auch unbedingt kontrollieren, ob Du einen Impfschutz gegen diese Erkrankung besitzt. Beachte dabei, dass ein Impfschutz gegen Diphtherie alle zehn Jahre aufgefrischt werden muss. Allerdings gilt hier – eine Impfung während Deiner Schwangerschaft ist erlaubt, Du kannst Dich mittels eines kombinierten Impfstoffes auch zeitgleich gegen Keuchhusten sowie Tetanus impfen lassen.

» FSME (Zecken-Enzephalitis, unter Umständen Impfung vor Reisen)

Die Impfung gegen FSME solltest Du vor allem dann durchführen lassen, wenn Du vorhast, in Gebiete zu verreisen, die ein hohes Risiko für FSME aufweisen. Die Auffrischung Deines Impfschutzes solltest Du hier alle drei Jahre vornehmen lassen.
Wenn es notwendig ist, dass Du gegen FSME geimpft wirst, so kann eine Impfung auch während Deiner Schwangerschaft durchgeführt werden.

» Grippe (Influenza)

Die Grippeimpfung ist wohl eine der geläufigsten Impfungen, die Du während Deiner Schwangerschaft injiziert bekommen kannst. Empfohlen wird die Impfung ab dem zweiten Trimester und, im Falle eines Grundleidens sowie einer damit einhergehenden hohen Gefährdung Deiner Gesundheit, bereits im ersten Trimester. Gerade nach der Geburt Deines Babys sollten alle Personen, die mit ihm in Verbindung geraten, geimpft sein, sodass Dein Baby vor einer Ansteckung geschützt ist. Wichtig ist allerdings, dass die Influenza-Impfung jährlich aufgefrischt wird – und zwar noch bevor die Grippesaison beginnt.

» Hepatitis A (Impfung vor Reisen)

Eine Impfung gegen Hepatitis A ist vordergründig dann durchzuführen, wenn Du vorhast, in Gebiete zu reisen, in denen eine hohe Infektionsrate besteht, Du häufig Meeresfrüchte sowie Muscheln verzehrst oder Du aufgrund Deiner beruflichen Tätigkeit mit Ausscheidungen in Kontakt gerätst.
Die Impfung wird jedoch meist in Fällen eines besonderen Risikos empfohlen.

» Hepatitis B

Solltest Du bereits eine Grundimmunisierung gegen Hepatitis B durchgeführt haben, so ist es vor Deiner Schwangerschaft nicht zwingend erforderlich eine Auffrischung durchführen zu lassen. Allerdings gilt hier, wenn Du innerhalb Deiner Schwangerschaft noch keinen bestehenden Impfschutz gegen Hepatitis B haben solltest du, so ist eine Impfung auch während Deiner Schwangerschaft anzuraten.

» HPV-Impfung (Humane Papillomviren)

Generell ist eine Impfung mittels einem Totimpfstoff innerhalb Deiner Schwangerschaft unbedenklich, allerdings ist es ratsam, dass Du eine begonnene, jedoch noch nicht vollendete Grundimmunisierung während Deiner Schwangerschaft unterbrichst.
Eine HPV-Impfung wird im Normalfall bereits zwischen Deinem neunten und vierzehnten Lebensjahr vorgenommen und von

den gesetzlichen Krankenkassen übernommen. Dabei gilt, dass eine Impfung frühestmöglich vorgenommen werden sollte damit der erste sexuelle Kontakt noch nicht stattgefunden hat.

» Japanische Enzephalitis (Japanische Reise)

Solltest Du noch nicht gegen die japanische Enzephalitis geimpft sein, so solltest Du es auch unbedingt vermeiden, einen Aufenthalt in Ländern mit einem erhöhten Infektionsrisiko wahrzunehmen.
Gerade bei dieser Impfung gilt es abzuwägen, welchen Nutzen diese Impfung für Dich innerhalb der Schwangerschaft hat gegenüber dem mit der Impfung verbundenen Risiko, denn hinsichtlich dieser Impfung stehen bisher lediglich begrenzte Daten zur Verfügung, welche Aufschluss über die Anwendung bei Schwangeren geben.

» Keuchhusten (Pertussis)

Eine Impfung gegen Keuchhusten lässt sich ebenfalls während der Schwangerschaft durchführen und ist in diesem Fall nicht lediglich erlaubt, sondern sogar empfohlen. Denn Ärzten zufolge kann eine Impfung innerhalb der Schwangerschaft Deinem Baby bereits innerhalb seiner ersten Lebenswochen von Deinen Leihantikörpern profitieren. Besitzt Du keine Impfung gegen Keuchhusten, so gibt es auch gegen den Neugeborenen Keuchhusten keinerlei Schutz.

In vielen Ländern ist es heutzutage bereits gängig eine Auffrischungs-impfung zwischen der 27ten und 36ten Schwangerschaftswoche durchzuführen. In Deutschland trifft dies noch nicht zu, allerdings ist es demnach umso wichtiger, dass sich alle Kontaktpersonen Deines Babys gegen Keuchhusten impfen beziehungsweise einen bestehenden Impfschutz auffrischen lassen. Dabei sollten die Kontaktpersonen spätestens vier Wochen bevor Du Dein Baby auf die Welt bringst, geimpft werden – sofern ihre letzte Impfung oder eine mögliche Keuchhustenerkrankung mehr als zehn Jahre in der Vergangenheit liegt.

» Kinderlähmung (Poliomyelitis)

Eine Auffrischung Deines Impfschutzes gegen Kinderlähmung ist vor allem dann empfehlenswert, wenn Du in eine Umgebung mit erhöhtem Risiko verreisen möchtest.
Generell kannst Du gegen Kinderlähmung auch innerhalb Deiner Schwangerschaft mittels einem Totimpfstoff geimpft werden. Allerdings gilt hier nur dann zu impfen, wenn eine Impfung wirklich dringend notwendig ist. Dies wäre beispielsweise der Fall, wenn Du noch keinen bestehenden Impfschutz hast und Du eine Reise in ein betroffenes Risikogebiet nicht verschieben kannst oder wenn Du in Kontakt zu Personen stehst, die aus diesen Risikogebieten kommen.

» Meningokokken C

Grundsätzlich ist eine einzige Impfung ausreichend um eine lebenslange Immunität zu ermöglichen. Für gewöhnlich erhalten

Jugendliche diese Schutzimpfung bis spätestens zu ihrem 18ten Lebensjahr.
Allerdings ist eine Nachimpfung empfehlenswert, wenn eine Reise nicht zu vermeiden ist und in ein Risikogebiet führt. Diese Impfung wird im Normalfall über einen Vierfachimpfstoff durchgeführt, welcher Dir zugleich einen Schutz gegen die Meningitis-Erregertypen A, C, W135 sowie Y bietet.

» Pneumokokken

Eine Impfung gegen Pneumokokken wird Dir angeraten sofern Du unter einer der verschiedenen chronischen Erkrankungen leidest, welche Deine inneren Organe betreffen sowie bei Diabetes und Immunschwäche.
Das bedeutet, dass eine Impfung nur dann notwendig ist, wenn Du bereits Vorerkrankungen hast, die Dein Immunsystem betreffen. In diesem Fall ist es jedoch ratsam, dass Du alle anfallenden Impfungen bereits vor einer eintretenden Schwangerschaft durchführen lässt.

» Tollwut

Sobald Du erst einmal eine dreimalige Grundimmunisierung hinter Dir hast, ist es nicht mehr notwendig, eine Nachimpfung vornehmen zu lassen.
Solltest Du jedoch innerhalb Deiner Schwangerschaft in Kontakt mit einem tollwutkranken Tier geraten oder gar von einem gebissen werden, so ist es wichtig, dass Du umgehend jegliche Maßnahmen der passiven Immunisierung und wenn nötig auch

eine aktive Immunisierung nach dem sogenannten WHO-Schema durchführen lässt. Denn wenn Du dies nicht tust, besteht die Möglichkeit, dass die Krankheit einen tödlichen Verlauf nimmt sobald Du erst einmal die ersten Symptome wahrnehmen kannst.

» Typhus (Impfung vor Reisen)

Wichtig ist, dass Dir bewusst ist, dass eine Impfung gegen Typhus Dir lediglich einen 60-prozentigen Impfschutz bietet und Dir die Immunität nach drei Jahren auch wieder verloren geht. Somit ist es notwendig, dass Du eine Nachimpfung vornehmen lässt sofern Du einen Aufenthalt in einem Gebiet planst, in welchem ein hohes Risiko der Infizierung mit Typhus besteht. Sollte eine Reise also tatsächlich unumgänglich sein, so solltest Du Dich unbedingt nachimpfen lassen.

» Wundstarrkrampf (Tetanus)

Es ist grundsätzlich wichtig, dass Du einen aktuellen Tetanusschutz hast – deshalb solltest Du auch Wert darauf legen, die Auffrischung der Impfung wahrzunehmen, die alle zehn Jahre anfällt. Wenn Du also während Deiner Schwangerschaft feststellen solltest, dass die zehn Jahre vorüber sind, so solltest Du Dich gegen Tetanus auch während der Schwangerschaft impfen lassen – dabei steht Dir auch ein kombinierter Impfstoff zur Verfügung, der zugleich auch den Impfschutz gegen Diphtherie sowie Keuchhusten abdeckt.

Deine Gesundheit

Gerade in Deiner Schwangerschaft ist es wichtig, dass Du Acht auf Dich und vor allem Deine Gesundheit gibst, denn immerhin bist Du auch der Lebensraum Deines Babys und ihm kann es nur so lange gut gehen, wie es Dir auch gut geht. Deshalb solltest Du stets darauf achten, dass Du Dich nicht überanstrengst und Du achtsam lebst. In diesem Kapitel findest Du viele Informationen rund um das Thema Sport, eine ausgewogene und gesunde Ernährung, die wichtigsten Mineralstoffe und Vitamine, die Du innerhalb Deiner Schwangerschaft benötigst und auch die Veränderungen Deiner Haut, Deiner Haare sowie Deiner Zähne, denn schlussendlich verändert Deine Schwangerschaft nicht nur Dein ganzes Leben sondern erfordert auch besondere Vorsicht.

Sport während und nach der Schwangerschaft

Sport ist gerade in der Schwangerschaft ein wichtiger Aspekt, der besonderen Einfluss auf Deine Gesundheit nimmt, denn letzten Endes lassen sich durch Sport gewisse Erkrankungen bereits vor ihrer Entstehung vermeiden. Hierbei sollte es allerdings unter keinen Umständen Dein Ziel sein, den Sport so zu betreiben, als seist Du auf einem Wettkampf, sondern vielmehr das Ziel vor Augen haben, körperlich einfach fit zu bleiben.

Betreibst Du regelmäßig einen angemessenen Sport so ist es beispielsweise möglich, dass Du der Entstehung der Schwangerschafts-diabetes vorbeugst. Gleiches gilt ebenso für Erkrankungen wie die des Herz-Kreislauf-Systems im späteren Leben Deines Babys sowie Stoffwechsel-störungen und Übergewicht.

Doch Du tust nicht nur Deiner eigenen Gesundheit und der Deines Babys etwas Gutes, sondern erleichterst Dir durch Sport auch Deine Schwangerschaft, die deutlich problemloser verläuft und gleichermaßen Deine Entbindung, bei der Du deutlich weniger Schmerzmittel benötigst als eine sportlich inaktive Frau. Zudem sinkt auch das Risiko einer Frühgeburt und eines möglichen Kaiserschnittes – aber auch die Gewichtszunahme über den Verlauf Deiner gesamten Schwangerschaft fällt sportbedingt deutlich geringer aus. Des Weiteren kannst Du mit angemessenem Sport innerhalb Deiner Schwangerschaft weitestgehend dafür sorgen, dass Du nicht unter Bluthochdruck, Inkontinenz oder Rückenschmerzen, vor allem bedingt durch Haltungsschäden, leidest – und sogar die Wahrscheinlichkeit, dass Du in eine perinatale Depression verfällst, wird durch den Sport minimiert.

Sport kann Dir während Deiner Schwangerschaft also viele Vorteile bieten – weitere Vorteile hast Du beispielsweise auch im Bereich Deines Wohlbefindens und Deiner psychischen Ausgeglichenheit, da es Dir möglich ist, durch den Sport Stress abzubauen. Auf diesem Wege kannst Du zugleich auch ein besseres Körpergefühl sowie eine positivere Einstellung Deinem Körper entwickeln und darüber hinaus Dein Selbstbewusstsein stärken.

Du wirst durch ein angemessenes Pensum an Sport deutlich weniger an Krampfadern, Thrombosen sowie anderen Komplikationen der Schwangerschaft leiden.

Es gilt jedoch, dass Du es mit Deinem Sport nicht übertreibst, sondern ihn nur so lange und so intensiv verfolgst, wie Du Dich dabei auch noch wohlfühlst - besonders dann, wenn Du von einer Risikoschwangerschaft betroffen bist oder bereits Komplikationen innerhalb Deiner Schwangerschaft aufgetreten sind. Sprich also immer mit Deinem Arzt beziehungsweise Deiner Ärztin, wenn sich Unsicherheiten in Dir ausbreiten.

Wichtig ist, dass Du darauf achtest, ob Du von bestimmten Risikofaktoren betroffen bist, zu denen Blutungen in der Frühschwangerschaft, frühzeitige Wehen, Herzerkrankungen, Infektionskrankheiten, Mehrlingsgeburten aber auch frühere Fehlgeburten gehören. Sollte einer dieser Risikofaktoren auf Dich zutreffen solltest Du Dein Sportprogramm umgehend einschränken und vor allem sehr stark reduzieren.

Treten gar Anzeichen wie Atemprobleme, Bauchschmerzen, Blutungen, Schwindel oder vorzeitige Wehen auf, so solltest Du Dein Training sofort abbrechen und gegebenenfalls Deinen Gynäkologen beziehungsweise Deine Gynäkologin kontaktieren.
Grundsätzlich kannst Du Dein Sportprogramm – abgesehen von einigen Einschränkungen – genauso fortführen, wie Du es vor Deiner Schwangerschaft getan hast. Eine Ausnahme ist dabei, falls Du Leistungssportlerin sein solltest oder Dein Sportprogramm bisher relativ intensiv fünf bis sieben Mal in der Woche stattgefunden hat, denn dann solltest Du das Gespräch mit Deinem Arzt beziehungsweise Deiner Ärztin suchen, um zu klären, ob es nicht vielleicht ratsam ist, Dein bisheriges Trainingspensum ein wenig einzuschränken.

Eine Trainingszeit von rund einer halben Stunde an fünf Tagen in der Woche kann dabei noch völlig im Rahmen Deiner Möglichkeiten liegen.
Letztlich sollte Deine Schwangerschaft jedoch auch keinen Anlass für Dich bieten plötzlich mit einer vollkommen neuen Sportart zu beginnen, die Du vorher noch nie ausprobiert hast.
Dies gilt auch nicht nur für neue Sportarten, sondern auch für Sportarten, die Du bisher vielleicht ausgeübt hast – denn letzten Endes sind einfach nicht alle Sportarten wirklich gut dafür geeignet, in einer Schwangerschaft betrieben zu werden. Hierzu zählen vordergründig Sportarten, die mit einer hohen Verletzungsgefahr

einhergehen wie beispielsweise Bungee-Springen, Reiten, Skifahren oder auch Tauchen.
Im besten Fall nutzt Du ein aerobes Training um Dich in Deiner Schwangerschaft körperlich fit zu halten, denn bei einem solchen Training ist gewährleistet, dass Dir die gesamte Zeit über ausreichend Sauerstoff zur Verfügung steht, sodass das Risiko, dass Du aus der Puste gerätst, minimal ist. Du kannst also innerhalb Deiner Schwangerschaft ganz entspannt einer Sportart wie beispielsweise Aquafitness, Fahrradfahren, Walken oder Yoga nachgehen, wobei Yoga sogar noch Deine Atemtechniken trainiert und Dir somit eine gute Hilfe für Deine Entbindung bieten kann.
Welcher Sport für Dich gerade am besten geeignet ist, geht auch viel mit dem Zeitpunkt Deiner Schwangerschaft einher, denn gerade, wenn Du Dich im ersten Trimester befindest, ist es nachvollziehbar, wenn Du Dich schonen möchtest. Außerdem wirst Du im ersten Trimester vermutlich auch unter einer mehr oder minder starken Müdigkeit leiden, gegen die Du auch nicht zwanghaft ankämpfen solltest - nutze Dein erstes Trimester in einem solchen Fall also lieber, um Dich ein wenig herunterzufahren. Wenn Du Dich jedoch überhaupt nicht müde, sondern vollkommen fit fühlst, so kannst Du durchaus sportlichen Aktivitäten nachgehen solange es sich in einem angemessenen Rahmen bewegt.
Sobald Du das zweite oder gar das dritte Trimester Deiner Schwangerschaft erreichst, ist es umso wichtiger, dass Du auf eine gesundheitsorientierte Bewegung und Ernährung achtest. Du wirst vermutlich schnell feststellen, dass Deine noch im ersten Trimester vorhandene Müdigkeit stark nachlässt und Du Dich plötzlich wieder viel fitter fühlst. Wenn also keine klinischen Zeichen dagegensprechen kannst Du mit Ausnahme einiger Einschränkungen,

wie beispielsweise dem Bauchmuskeltraining, wieder Deinen sportlichen Aktivitäten nachkommen. Näherst Du Dich allerdings Deiner 35ten Schwangerschaftswoche, so wirst Du schnell erkennen, dass viele Dinge für Dich nun viel beschwerlicher werden – und genau dieser Zeitpunkt sollte für Dich dann auch der sein, an dem Du mit Deinen sportlichen Aktivitäten wieder kürzer trittst und gerade in den letzten Wochen vor der Entbindung vermehrt Sportarten wie der Aquagymnastik, dem Spazieren gehen, dem Schwimmen, dem Walken oder auch dem Yoga nachgehen solltest.
Um Dir einen Überblick zu bieten, welche Sportarten innerhalb Deiner Schwangerschaft geeignet sind und welche eher nicht, findest Du folgend eine Auflistung, an die Du Dich halten solltest.

Gut geeignete Sportarten *innerhalb Deiner Schwangerschaft*

Es gibt einige Sportarten, die Du bedenkenlos innerhalb Deiner Schwangerschaft verfolgen kannst und die Deiner Gesundheit dienlich sind. Du kannst Dich also optimal sportlich im Bereich der **Aquagymnastik**, dem **Radfahren**, dem **Qi-Gong**, dem **Tai-Chi**, dem **Walking** sowie dem **Yoga** betätigen.

» Aqua-Kurse

In vielen Schwimmbädern findest Du mittlerweile Angebote über Aqua- Kurse, viele von ihnen sind sogar speziell auf Schwanger ausgelegt, somit bietet sich die Aquagymnastik für Dich geradeso an. Die Übungen, die im Rahmen eines Aqua-Kurses durchgeführt werden, sind für Deine Gelenke längst nicht so belastend wie wenn Du diese an Land umsetzen würdest.

Vor allem, wenn Du unter geschwollenen Beinen leiden solltest, was besonders häufig im Dritten Trimester vorkommt, kann Dir die Aquagymnastik eine gute Hilfe sein.

» Walking

Walking stellt eine der besten Übungen für Dein Herz- Kreislauf-System innerhalb Deiner Schwangerschaft dar. So kannst Du Dich beispielsweise über Nordic Walking oder das zügige Spazierengehen nicht nur fit halten, sondern Du belastest zugleich auch nicht Deine Knie und Knöchel. Diese Sportart lässt sich optimal in den Alltag integrieren und ist darüber hinaus nicht nur für ein spezielles Trimester geeignet, sondern kann von Dir die gesamte Schwangerschaft über bedenkenlos ausgeübt werden – und ganz nebenbei trainierst Du sogar noch Deine Arm- und Schultermuskeln.

» Yoga

Sowohl Yoga als auch Dehn- Übungen sind optimal dafür geeignet, Deine Beweglichkeit sowie Deine Muskeln zu trainieren ganz ohne dabei Deine Gelenke zu überlasten. Du solltest beim Yoga lediglich ein wenig vorsichtig sein, dass Du Dich nicht überdehnst, denn gerade durch den Einfluss des Relaxins ist es nicht selten, dass Du Dich gelenkiger fühlst als bisher, was daran liegt, dass Deine Bänder deutlich nachgiebiger sind – somit solltest Du eine Dehnung niemals zu lange halten und erst recht nicht versuchen, irgendwelche spektakulären Verrenkungen umzusetzen.

Gut geeignete Sportarten

mit einigen Einschränkungen

Auch, wenn diese Sportarten grundsätzlich gut geeignet sind um sie in Deine Schwangerschaft zu integrieren, so gibt es doch einige Einschränkungen, die Du bei ihnen jeweils beachten solltest um Dich und Deine Gesundheit zu schützen.

» Badminton

Besonders vorsichtig solltest Du hier bei Drehungen, Stopps und auch Sprints sein.

» Bauch-Beine-Po-Training

In einem angemessenen Rahmen ist das Training in Ordnung, dennoch solltest Du vorsichtig sein, was Bauchmuskelübungen betrifft.

» HIIT

Auch hier gilt, das Training ist in einem moderaten Rahmen völlig in Ordnung, dennoch solltest Du auch hier vorsichtig sein was Bauchmuskelübungen anbelangt.

» Joggen

Joggen ist grundsätzlich gut geeignet um es in Deine Schwangerschaft zu integrieren, allerdings solltest Du dabei auf ein angemessenes Pensum achten und keineswegs die 2.000 Höhenmeter übersteigen. Außerdem solltest Du Wert auf Schuhe legen, die sowohl dämpfend als auch stabil sind.

» Krafttraining

Generell kannst Du Krafttraining auch in der Schwangerschaft ausüben, achte jedoch dabei auf ein moderates Training und sei vorsichtig hinsichtlich Bauchmuskelübungen.

» Saunieren

Dein Saunaaufenthalt sollte niemals länger als zehn Minuten andauern.

» Schwimmen

Achte unbedingt darauf, dass die Wassertemperatur zwischen 20°C und 35°C liegt.

» Skilanglauf

Überschreite auch hier niemals die 1.500 Höhenmeter.

» Squash

Squash kannst Du zwar grundsätzlich auch in Deiner Schwangerschaft spielen, jedoch solltest Du besonders vorsichtig sein, was Drehungen, Stopps sowie Sprints betrifft.

» Tanzen

Beim Tanzen solltest Du stets Drehungen, Hopser, Sprünge und vor allem schnelle und plötzliche Wechsel der Richtung vermeiden.

» Tennis

Hier gilt das Gleiche wie beim Squash – gib Acht bei Drehungen, Stopps und Sprints.

» Wandern

Auch Wandern gehört zu den Sportarten, die Du grundsätzlich verfolgen darfst – allerdings solltest Du hier niemals die 2.000 Höhenmeter übersteigen.

Ungeeignete Sportarten
innerhalb Deiner Schwangerschaft

Es gibt viele Sportarten, die während Deiner Schwangerschaft kontraproduktiv sind und Deiner Gesundheit sowie der Deines Babys mehr Schaden zufügen können als dass sie sich wirklich positiv auf Dich auswirken.

Verzichte innerhalb Deiner Schwangerschaft also auf jegliche Form der **Ballsportarten, Bouldern, Bungee-Jumping, Crossfit, Fallschirm- Springen, Fechten, Inlineskating, Kampfsport, Klettern, Mannschaftssport, Marathon, Reiten, Rudern, Tauchen** sowie **Turnen**.

Wenn Du Dich in Deiner Schwangerschaft also dazu entscheidest, Dich mit Sport körperlich fit zu halten, so ist es empfehlenswert, dass Du während Deines Sportprogrammes eine Pulsuhr trägst. Auf diesem Weg ist es Dir möglich, Deinen Puls während Deiner gesamten Trainingsdauer im Auge zu behalten, denn letztlich muss Dein Herz während Deiner Schwangerschaft bis zur Geburt bis zu drei Liter mehr Blut durch Deinen Körper pumpen, wodurch Du noch mehr Acht auf Deinen Puls geben solltest.
Im Alter bis zu 29 Jahren sollte Dein Puls während Deiner Trainingseinheit 135 bis 150 Schläge pro Minute nicht übersteigen.

Wenn Du Dich zwischen Deinem 30ten und 39ten Lebensjahr befindest, so sollte Dein Puls sich während Deines Trainings maximal zwischen 130 bis 145 Schlägen pro Minute bewegen.

Ab einem Alter von 40 Jahren solltest Du darauf achten, dass Dein Puls während Deines Trainings nicht höher als 125 bis 140 Schläge pro Minute steigt.
Grundsätzlich solltest Du bei Deinem Training, vor allem wenn es sich um Ausdauersport handelt, darauf achten, dass Du keine zu hoher Körpertemperatur bekommst. Denn sobald diese zu hoch steigt, kann Dein Baby möglicherweise Missbildungen entwickeln. Bedenke, dass jedoch keine dieser Sportarten Deine Schwangerschaftsgymnastik ersetzen kann, denn während dieser erfährst Du nicht nur, wie die richtigen Atemtechniken funktionieren, sondern kannst Dich auch ganz gezielt auf Deine Geburt vorbereiten.
Nach der Geburt kann es verständlich sein, dass Du vielleicht schnellstmöglich wieder mit dem Sport beginnen möchtest um das Gewicht, welches Du in der Schwangerschaft zugenommen hast, so schnell wie nur möglich wieder zu verlieren. Allerdings solltest Du Dir unmittelbar nach der Geburt erst einmal ausreichend Entspannung sowie Ruhe gönnen und Dich nicht gleich mit einem straffen Sportprogramm unter Druck setzen – auch für Diäten ist diese Zeit nicht besonders angebracht.
Mindestens innerhalb der ersten sechs Wochen solltest Du, wenn überhaupt viel Bewegung in Deinen normalen Alltag einbauen wie beispielsweise durch längere Spaziergänge bis hin zu einem leichten Workout. Dieses solltest Du allerdings erst dann beginnen, wenn Du die Rückbildungsgymnastik beendet hast und die Rektus-

diastase, sprich der Spalt zwischen Deinen geraden Bauchmuskeln, welcher aufgrund der Überdehnung entstanden ist, muss so zurückgebildet sein, dass Dein Arzt beziehungsweise Deine Ärztin oder auch Deine Hebamme Dir erlaubt, ein wenig Sport zu treiben.

Gerade in der ersten Zeit nach Deiner Schwangerschaft kann der Sport noch sehr beschwerlich und deutlich anstrengender für Dich sein als Du es vielleicht bisher kanntest.
Deinen Sporteinstieg solltest Du am besten in drei einzelne Phasen einteilen.

» Sport kurz nach der Entbindung

Sei Dir darüber im Klaren, dass mit Deinem Bauch zunächst einmal alles wieder in Ordnung kommen muss bevor Du mit dem Sport beginnen kannst – das kann auch seine Zeit in Anspruch nehmen.
Umso wichtiger ist es, dass Du erst mit dem Sport nach der Entbindung beginnst, wenn Du dafür die Einverständnis von Deinem Arzt, Deiner Ärztin beziehungsweise Deiner Hebamme erhalten hast.
Gerade in der ersten Zeit empfiehlt es sich, sportlichen Übungen nachzukommen, die sich auf einen stabilen Beckenboden sowie eine starke Mitte fokussieren.
Begehe bei Deiner sportlichen Aktivität jedoch nicht den Fehler, Dich selbst unter einen Trainingszwang zu setzen. Wenn Dir einmal nicht der Sinn nach Sport stehen sollte,

dann kannst Du Dir die Ruhe auch gewähren und Dich einmal nicht sportlich aktiv betätigen.

» Sport zwischen der achten und zwölften Woche nach Deiner Entbindung

Ab diesem Zeitpunkt ist es erlaubt, dass Du Dir selbst ein wenig mehr zutraust, als Du es in den Wochen davor getan hast. Du darfst Dich in kurzen, zusammenhängen Workouts versuchen – am besten in solchen, die sich ebenfalls auf Deinen Beckenboden und Deine Körpermitte konzentrieren. Allerdings solltest Du auch jetzt noch nicht mit Vollgas an das Sportprogramm herangehen, lasse Dir Zeit und gewöhne Dich Schritt für Schritt an das sportliche Pensum, das Du vielleicht noch vor der Geburt ausgeübt hast.
In dieser Zeit gilt es auf lange Einheiten sowie jegliche Zusatzgewichte zu verzichten.

» Sport nach der zwölften Woche nach Deiner Entbindung

Etwa zwölf Wochen nach Deiner Entbindung bist Du an dem Punkt angelangt, an dem Du wieder Kardiotraining und gezieltes Training für Deine Figur auf Deinen Trainingsplan schreiben darfst. Fortan ist es auch wieder möglich, dass Du Gewichte integrierst – beginne hier jedoch langsam mit leichten Gewichten und steigere Dich mit der Zeit.

Auch das Lauftraining darfst Du nun wieder verfolgen – hier gilt das Gleiche wie bei den Gewichten, beginne langsam und steigere Dich. Fange mit dem Wechsel zwischen Gehen und Laufen an bevor Du irgendwann wieder zum reinen Laufen übergehst.

Wichtig ist jedoch in jedem Fall, dass Du auf Dich und die Signale Deines Körpers hörst – insbesondere auf die Signale Deines Beckenbodens. Du wirst es schnell zu spüren bekommen, wenn Du in Deinem Training zu viel gemacht hast.

Die gesunde und ausgewogene *Kost*

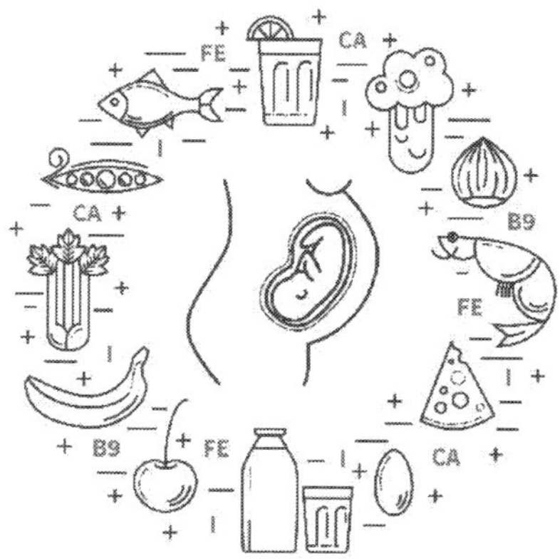

Es kann für Dich in der Schwangerschaft ziemlich verwirrend sein, welche Lebensmittel Du nun noch zu Dir nehmen darfst und welche Lebensmittel fortan von Deinem Speiseplan zu streichen sind. Grundsätzlich gilt erst einmal, dass Du auch in Deiner Schwangerschaft alles essen darfst, was Dir schmeckt – dennoch sind einige Lebensmittel mit einem gewissen Risiko der Krankheitsübertragung behaftet, wodurch Dein Baby einen Schaden davontragen könnte. Um Dir einen Überblick zu verschaffen, findest Du folgend eine Übersicht, welche Lebensmittel erlaubt sind und welche Du besser meidest.

» Milch- und Milchprodukte

Viele Lebensmittel, die aus Rohmilch produziert werden, enthalten Listerien. Listerien sind kleine stäbchenförmige Bakterien, die Listeriose verursachen können. Zwar ist die Erkrankung für Dich harmlos sofern Du eine gute Immunabwehr besitzt, dennoch können, bedingt durch die Listeriose, erkältungs- oder auch grippeähnliche Symptome auftreten. Doch gerade während Deiner Schwangerschaft ist Deine Immunabwehr nicht so stark wie die einer nicht schwangeren Frau, was dazu führt, dass das Risiko einer Erkrankung um das bis zu 20-Fache gesteigert ist. Die Infektion kann sich im schlimmsten Fall auf Dein Baby übertragen und eine Fehl- oder Frühgeburt aber auch schwere Komplikationen bei Deinem Neugeborenen bis hin zu einer Totgeburt zur Folge haben.

Solltest Du Dich erst einmal mit Listeriose angesteckt haben, so wird eine Behandlung mittels Antibiotikums durchgeführt.

Dennoch solltest Du aufgrund der enthaltenen Listerien auf rohe Milch sowie den daraus hergestellten Käse verzichten. Um herauszufinden, woraus genau nun ein Käse hergestellt wurde, solltest Du immer das Etikett lesen.

Im Normalfall ist ein Hartkäse aus Rohmilch, wie beispielsweise Parmesan, unbedenklich, da dieser meist aufgrund des langen Reifevorgangs stark abgetrocknet ist. Auf Reibekäse, der bereits abgepackt in der Kühltheke zu finden ist, solltest Du allerdings verzichten – selbst, wenn auch dieser Reibekäse aus Hartkäse hergestellt wurde. Denn hier kannst Du nicht nachvollziehen, wie die hygienischen Umstände während des Reibens und Verpackens ausgesehen haben, sodass auch hier Listerien hineingeraten sein können. Kaufe also für Reibekäse lieber ein Stück Käse, welches sich noch am Stück befindet und reibe es dann mit einer Käsereibe selbst direkt bevor Du ihn verwenden möchtest.

Verzichten solltest Du auch auf jegliche Formen von Weichkäse wie beispielsweise Brie und Camembert. Stattdessen kannst Du auf Schnittkäsealternativen aus pasteurisierter Milch zurückgreifen – beispielsweise auf Butterkäse, Edamer oder Gouda. Bei Schnittkäse solltest Du allerdings immer die Rinde entfernen, da sich auch dort Bakterien ansammeln können.

Sei jedoch auch vorsichtig bei eingelegtem Käse oder Frischkäse, der sich in offenen Gefäßen in der Kühltheke befindet – ein Beispiel hierfür sind Feta, Mozzarella oder auch Schafskäse. Denn auch bei ihnen ist die Wahrscheinlichkeit hoch, dass Bakterien enthalten sind, die sich in offenen Gefäßen noch deutlich schneller vermehren können. Anstatt dessen kannst Du aber auf vakuumverpackten Mozzarella und Schafskäse zurückgreifen, die aus pasteurisierter Milch produziert wurden. Allerdings solltest Du, auch wenn der Käse vorher verpackt gewesen ist, darauf achten, dass Du den Käse spätestens zwei bis drei Tage nach dem Öffnen verbraucht hast.

» Roher oder geräucherter Fisch

Auch bei Fisch liegt ein erhöhtes Risiko vor, an Listeriose zu erkranken. Dazu kommt dann bei einigen Seefischen auch noch eine Belastung durch Schwermetall und Quecksilber.

Trotz dessen solltest Du innerhalb Deiner Schwangerschaft darauf achten, Fisch etwa ein bis zwei Mal wöchentlich in Deinen Speiseplan zu integrieren, da er Dich und Dein Baby mit wichtigen Omega-3-Fettsäuren versorgt.

Auf im Meer vorkommende Raubfische solltest Du allerdings verzichten, das heißt Fisch wie Thunfisch inklusive seiner Erzeugnisse aber auch der Schwertfisch und der Steinbeißer sollten von Dir nicht verzehrt werden. Bei anderen Fischarten solltest Du stets darauf achten, ihn gut durchzugaren – andernfalls kannst Du auch auf Dosenfisch zurückgreifen.
Auch Fisch, der in industriell hergestellten und pasteurisierten Marinaden eingelegt ist wie beispielsweise Bismarckhering oder Rollmops ist erlaubt – hier solltest Du aber darauf achten, dass er, auch wenn er aus der Kühltheke kommt, noch weit vor dem Mindesthaltbarkeitsdatum entfernt liegt und von Dir auch innerhalb von zwei Tagen verzehrt wird, nachdem Du ihn überhaupt erst gekauft hast.
Wenn Du allerdings absolut keinen Fisch magst, dann kannst Du alternativ auch einen Esslöffel Leinöl zu Dir nehmen, um zu vermeiden, dass Du unter einem Omega-3-Fettsäure-Mangel leidest, denn in einem Esslöffel Leinöl ist genauso viel Omega-3-Fettsäure enthalten wie in rund 200 Gramm Fisch.

» Fleisch und Wurstwaren

Gerade in rohem Fleisch können Erreger der Toxoplasmose enthalten sein, was zwar für Dich zunächst harmlos, für Dein Kind allerdings sehr gefährlich ist, denn die Erreger können die Entwicklung des kindlichen Gehirnes schädigen. Wenn Du Dich das erste Mal mit Toxoplasmose infizierst, so wird Dir ein Antibiotikum verabreicht, welches auch die Infektion

Deines Babys verhindern kann sofern es noch rechtzeitig eingenommen wurde. Solltest Du allerdings vor Deiner Schwangerschaft bereits einmal eine Toxoplasmose-Infektion überstanden haben, so bist Du in der Regel immun gegen diese Infektion und kannst Dich dementsprechend auch nicht erneut anstecken.
Um sicherzugehen, wie es um Dein Risiko der Toxoplasmose-Infektion steht, kannst Du einen Toxoplasmose-Test durchführen lassen, der gerade zu Beginn Deiner Schwangerschaft sehr zu empfehlen ist – auch, wenn Deine Krankenkasse die Kosten dafür leider nicht übernimmt.
Neben den Toxoplasmose-Erregern können sich allerdings auch Listerien sowie andere Erregen auf dem rohen Fleisch befinden, sodass es dringend anzuraten ist, dass Du auf den Verzehr von rohen Fleisch- und Wurstwaren verzichtest. Somit solltest Du Hackepeter, Mett, Mettwurst, Rohwurst, Salami, Tatar sowie Teewurst von Deinem Speiseplan streichen. Gleiches gilt auch für rohe Pökelfleischerzeugnisse wie es beispielsweise Lachs- und Parmaschinken aber auch Räucherspeck sind.
Darüber hinaus gilt es für Dich, gerade im ersten Trimester, auf Leber zu verzichten. Denn in der Leber steckt eine große Menge an Vitamin A, was in einer zu hohen Dosierung gefährlich für Deinen Fötus werden kann.
Allerdings gibt es auch Wurstsorten, die Du verzehren darfst. Dies sind vor allem die Wurstsorten, die unter einer hohen Hitzeeinwirkung hergestellt werden und, solange sie frisch

sind, auch unbedenklich sind wie zum Beispiel Fleischwurst, Mortadella oder auch gekochter Schinken.

» Rohe Eier

In rohen Eiern sind oftmals Salmonellen enthalten, die eine Salmonellenvergiftung verursachen können, welche für Dich sehr unangenehm sein kann. Folgen aus einer solchen Salmonellenvergiftung sind nicht selten eine starke Übelkeit oftmals einhergehend mit Erbrechen, allerdings kann sie auch für eine Unterversorgung Deines Babys führen, wobei sich die Infektion an sich zumindest nicht an Dein Baby überträgt.
Rohe Eier kommen oft in Süßspeisen wie Mousse au Chocolat oder auch Tiramisu vor, wodurch Du diese Desserts besser von Deinem Speiseplan verbannen solltest.

» Alkoholische Getränke und Speisen

Wichtig ist, dass Du Dir merkst, dass Alkohol in jeder Form einen starken Schaden auf die Entwicklung Deines Babys bewirken kann. Somit solltest Du sämtliche alkoholische Getränke sowie Speisen aus Deinem Alltag streichen.
Als Ausnahme darfst Du gelegentlich ein alkoholfreies Bier oder einen alkoholfreien Sekt trinken, denn alkoholfreie Getränke dürfen höchstens 0,5 Volumenprozent Alkohol enthalten. Damit Du einen Vergleich hast, wie viel 0,5 Volumenprozent Alkohol genau sind – ein gewöhnlicher Fruchtsaft enthält etwa 0,38 Volumenprozent Alkohol.

» Obst und Gemüse

Grundsätzlich ist es wichtig, dass Du Obst und Gemüse fest in Deinen Speiseplan integrierst – noch wichtiger ist allerdings, dass Du die Lebensmittel vor dem Verzehr gründlich reinigst und sie so frisch wie nur möglich zubereitest.
Abgepackte Kraut- und Mischsalate, die Du in der Kühltheke Deines Supermarktes kaufen kannst sind jedoch genauso wenig zu empfehlen wie die bereits vorbereiteten Obststücke, denn gerade bei ihrer Verarbeitung und Lagerung können Listerien in das Obst und Gemüse eindringen, wodurch auch hier wieder eine Infektionsgefahr mit Listeriose besteht.
Beim Zubereiten von Keimlingen sowie Sprossen solltest Du vorher Wert auf eine gute Erhitzung legen.

» Waldpilze und Gewürze

Es ist möglich, dass Waldpilze einen erhöhten Schadstoffgehalt besitzen, deshalb ist es empfehlenswert Waldpilze nur gelegentlich und vor allem in Maßen zu verzehren. Als Alternative können stattdessen Zuchtpilze in den Speiseplan integriert werden.
Auch bei einigen Gewürzen und Kräutern solltest Du aufpassen, denn gerade Liebstöckel, Petersilie und auch Zimt sollen die Gebärmutter stimulieren können, was eine Frühgeburt zur Folge haben könnte. Dies entspricht jedoch eher der Theorie, denn für eine Frühgeburt müssten sie in großen Mengen verzehrt werden – in kleineren Mengen, wie man sie für

gewöhnlich zum Würzen von Speisen verwendet, sind sie eher harmlos.

Wenn Du gerne Kräutertees trinkst, dann ist es ratsam, dass Du auf eine gewisse Abwechslung Wert legst und darauf achtest, keine allzu große Menge an Süßholz zu Dir zu nehmen. Süßholz ist ein Bestandteil, der auch in Lakritzen vorkommt, weshalb Du nicht mehr als 50 Gramm täglich verzehren solltest.

Deine Lebensmittelliste

Damit Du einen vereinfachten Überblick hast, welche Lebensmittel Du nun genau in Deiner Schwangerschaft verzehren darfst und welche lieber nicht, findest Du nachfolgend eine hilfreiche Lebensmittelliste.

Milch und Milchprodukte

Erlaubt	Zu vermeiden
abgekochte oder pasteurisierte Milch	unbehandelte frische Milch
Hartkäse aus Rohmilch wie Parmesan	Weichkäse wie Brie, Camembert, Roquefort und ähnliche Sorten
Käse aus pasteurisierter Milch – ausgenommen offen eingelegter Käse und Weichkäse	
Schnittkäse ohne Rinde	
Rinde bei Hartkäse	

Fisch

Erlaubt	Zu vermeiden
abgepackte, stark saure Fischmarinaden	geräucherter und marinierter Fisch
Fisch in Konserven – zum Beispiel Brathering oder Hering in Tomatensauce	Muscheln
gebratener, gedünsteter oder gekochter Fisch – besonders geeignet sind Hering, Lachs, Makrele und Lachs	Carpaccio, Sushi, Sashimi (roher Fisch)
	Thunfisch und andere Raubfischarten wie Schwertfisch und Steinbeißer (hohe Quecksilbergehalte)

Fleisch und Wurstwaren

Erlaubt	Zu vermeiden
Kochschinken und Wurst, die unter hoher Hitze produziert wurde beziehungsweise später noch erhitzt wird – zum Beispiel Salami auf Deiner Pizza	Leber – vor allem im ersten Trimester
gut durchgebratenes beziehungsweise gekochtes Fleisch	Mett und Tatar
gebratener, gedünsteter oder gekochter Fisch – besonders geeignet sind Hering, Lachs, Makrele und Lachs	Rohwurst sowie rohe Pökelfleischware wie Salami und Räucherschinken
	Steak medium (rosa) oder rare (blutig)

Rohe Eier

Erlaubt	Zu vermeiden
	Mayonnaise
	Softeis
	Tiramisu etc.
	Alle Speisen, die rohe Eier enthalten

Alkohol und Speisen

Erlaubt	Zu vermeiden
gelegentlich ein alkohol-freies Bier beziehungsweise einen alko-holfreien Sekt	alkoholische Getränke
	Eis, Pralinen sowie Torten mit enthaltenem Alkohol

Gemuese

Erlaubt	Zu vermeiden
Blumen-, China-, Grün, Rosenkohl	Artischocken
dicke Bohnen, grüne Bohnen (nicht roh verzehren), Sojabohnen	Auberginen
Brokkoli	Bärlauch
Chicorée	Knoblauch, Zwiebeln
Eichblattsalat, Eisbergsalat, Endivien, Feldsalat, Rucola (gründlich waschen)	Knollensellerie

Erbsen	Kohlrabi
Fenchel (nicht als reines ätherisches Öl, Honig oder Sirup)	Lauch
Frühlingszwiebeln	Petersilienwurzeln
Gurken	Rhabarber
(Süß-)Kartoffeln	Rotkohl
Kürbisse	Weißkohl
Steckrübe	Wirsing
Tomaten	
Linsen (weich garen)	
Mais	
Mangold	
Meerrettich	
Möhren	
Paprika	
Pastinake	
Radieschen	

Rettich	
Rote Beete	
Schwarzwurzel	
Spargel	
Spinat	
Steckrübe	
Zucchini	
Zuckerschote	

Die wichtigsten Mineralstoffe und Vitamine *in Deiner Schwangerschaft*

In Deiner Schwangerschaft ist eine ausgewogene und vor allem gesunde Ernährung besonders wichtig. Da dürfen natürlich auch die wichtigsten Mineralstoffe und Vitamine nicht fehlen, denn sie sind essenziell für die Entwicklung Deines Babys. Grundsätzlich kannst Du alle wichtigsten Mineralstoffe und Vitamine in einer ausgewogenen Ernährung in ausreichender Menge aufnehmen – sollte es Dir nicht gelingen, so kannst Du in Rücksprache mit Deinem Gynäkologen beziehungsweise Deiner Gynäkologin auch ergänzende Mineralstoff- und Vitaminpräparate zu Dir nehmen. Beachte hierbei jedoch, dass eine übermäßige Mineralstoff- und Vitaminzufuhr schädlich sein kann, halte Dich deshalb unbedingt an die Empfehlungen, die Dir von Deinem Arzt beziehungsweise Deiner Ärztin an die Hand gegeben werden.

» Eisen

Achte unbedingt darauf, ausreichend Eisen in der Schwangerschaft zu Dir zu nehmen, denn ein Eisenmangel kann zur Folge haben, dass Du unter Blutarmut, der sogenannten Schwangerschaftsanämie, leidest, was dazu führt, dass Deine eigene Sauerstoffversorgung und vor allem die Deines Babys leiden kann.

Eisen kommt im Blutfarbstoff Hämoglobin vor, aber genauso auch im Muskelfarbstoff Myoglobin – die Verantwortlichkeit des Eisens liegt im Sauerstofftransport innerhalb Deines Körpers. Deshalb solltest Du großen Wert darauflegen, Dich mit genügend Eisen zu versorgen.

Der wichtigste Eisenlieferant ist Fleisch insbesondere dunkles Fleisch, allerdings gelten auch Hülsenfrüchte wie beispielsweise Hirse, Linsen, Reis und Sojabohnen aber gleichermaßen auch Blattgemüse als Eisenreich. Die Einnahme eines ergänzenden Eisenpräparates solltest Du allerdings unbedingt mit Deinem Arzt beziehungsweise Deiner Ärztin abklären. Es kann allerdings vorkommen, dass er beziehungsweise sie Dir verordnen werden, zusätzlich Eisen über Nährstoffpräparate zu Dir zu nehmen, wenn Du bereits vor Deiner Schwangerschaft zu einer Blutarmut geneigt hast oder Du schlichtweg nicht ausreichend bis gar kein Fleisch isst.

» Folat beziehungsweise Folsäure

Ein Folsäuremangel kann in Deiner Schwangerschaft, vordergründig in der Frühschwangerschaft, Fehlentwicklungen Deines Babys zur Folge haben. Dies sind zumeist Neuralrohrdefekte, sprich Fehlbildungen des zentralen Nervensystems, wozu auch der offene Rücken, fachsprachlich Spina Bifida, zählt.

Deshalb ist es dringend anzuraten, dass Du bereits bei einem bestehenden Kinderwunsch mit der Einnahme von Folsäure-Präparaten beginnst um beim Eintritt einer Schwangerschaft

bereits mit einer ausreichenden Menge an Folsäure eingedeckt zu sein. Die Einnahme des Folsäure-Präparat solltest Du aber über den Eintritt Deiner Schwangerschaft hinaus noch bis zum Ende des ersten Trimesters fortführen.
Zusätzlich empfiehlt es sich, dass Du folsäurehaltige Lebensmittel wie Brokkoli, Eier, Feldsalat, Grünkohl, Hülsenfrüchte, Orangen, Tomaten sowie Vollkornprodukte in Deinen Speiseplan integrierst.

» Jod

Dein Baby benötigt für die Entwicklung seines Gehirns sowie seiner Schilddrüse eine gewisse Jodzufuhr, was es für Dich unabdingbar macht, ein bis zwei Fischmahlzeiten wöchentlich fest in Deinen Speiseplan zu integrieren. Genauso sollte auch jodiertes Speisesalz zum Zubereiten jeglicher Gerichte verwendet und aus jodiertem Speisesalz hergestellte Produkte verzehrt werden.
Im besten Fall nimmst du zusätzlich zu Deiner bisherigen Jodzufuhr rund 100 bis 150 Mikrogramm Jod zu Dir.
Solltest Du unter einer Schilddrüsenerkrankung leiden, so ist es wichtig, dass Du mit Deinem Arzt beziehungsweise Deiner Ärztin darüber sprichst.

» Kalzium

Kalzium ist besonders wichtig für den Aufbau der Knochen Deines Babys. Wenn Du nicht dafür sorgst, dass Du Deinem

Körper ausreichend Kalzium zuführst, so entzieht Dein Körper es Deinen eigenen Knochen, was im schlimmsten Fall dafür sorgen kann, dass Du unter einer erhöhten Knochenbrüchigkeit, fachsprachlich Osteoporose, leiden kannst. Achte also darauf, dass Du ausreichend Lebensmittel zu Dir nimmst, in denen Kalzium enthalten ist. In erster Linie sind dies Milchprodukte – dementsprechend solltest Du im besten Fall jeden Tag rund einen halben Liter pasteurisierte Milch trinken und mindestens zwei Mal am Tag Joghurt, Käse, Quark oder ähnliche Milchprodukte zu Dir nehmen. Am besten geeignet sind für Dich besonders fettreduzierte Milchprodukte, in keinem Fall solltest Du auf Rohmilchprodukte zurückgreifen.

Ein anderer Kalziumlieferant sind Sesamkörner, die Du optimal auch über einem frischen Salat verteilen kannst.

Wenn Du unter einer Allergie oder Unverträglichkeit gegen Milch leiden solltest, so kannst Du dies bei Deinem Arzt beziehungsweise Deiner Ärztin ansprechen, sodass Du Kalziumtabletten verordnet bekommen kannst.

» Vitamin A

Ab dem vierten Monat Deiner Schwangerschaft ergibt sich ein leicht erhöhter Bedarf an Vitamin A. Vitamin A ist vor allem für das Wachstum von Gewebe und Zellen aber auch für die Ausreifung der Lunge Deines Babys wichtig – allerdings kann zu viel Vitamin A auch die Entwicklung Deines Babys gefährden.

Desto wichtiger ist es auch, dass Du vor allem im ersten Trimester Deine Schwangerschaft Leber von Deinem Speiseplan streichst, da sie sehr Vitamin A- reich ist. Gleichermaßen ist auch von der Einnahme von Vitamin A-Präparaten abzuraten um die Dosierung nicht zu übersteigen.
Während des zweiten Trimesters darfst Du dann wieder gelegentlich, sprich etwa ein bis zwei Mal im Monat, ein wenig Leber in Deinen Speiseplan integrieren.
Auch wenn in einigen Lebensmitteln ebenfalls Vitamin A oder eine seiner Vorstufen enthalten ist, so ist bei ihnen eine Überdosierung nahezu unmöglich. Zu diesen Lebensmitteln zählen beispielsweise auch Eigelb, grünes Gemüse, Karotten, Milch sowie Milchprodukte.

» Vitamin B12

Die ausreichende Versorgung mit Vitamin B12 kann gerade für Veganer und Vegetarier zu einer wirklichen Herausforderung werden, denn das Vitamin B12, was wichtig für die Blutbildung ist, ist vorrangig in Eiern, Fisch, Fleisch, Meeresfrüchten und Milchprodukten enthalten.
Vegetarier können über einen sorgfältig strukturierten und geplanten Speiseplan noch ausreichend Vitamin B12 aufnehmen, da sie zwar kein Fisch oder Fleisch verzehren, dennoch aber Eier sowie Milchprodukte. Gerade in der Schwangerschaft wird es aufgrund des erhöhten Bedarfes für Vegetarier also noch wichtiger, auf eine ausreichende Aufnahme zu achten. Unter Umständen wird hier jedoch ein ergänzendes

Vitamin B12-Präparat notwendig um die ausreichende Vitamin B12-Versorgung herzustellen.
Anders sieht es jedoch bei Veganern aus, denn bei ihnen handelt es sich bei dem Vitamin B12 generell um einen sehr kritischen Nährstoff, der ohne die zusätzliche Einnahme von Vitamin B12- Präparaten nicht auszugleichen werden kann.
Für schwangere Frauen mit einer veganen oder vegetarischen Ernährung ist es also unumgänglich eine Beratung bei ihrem Arzt beziehungsweise ihrer Ärztin oder sogar einem Ernährungsberater wahrzunehmen um zu klären, wie sich ein Vitamin B12-Mangel und der Mangel anderer notwendiger Nährstoffe am besten ausgleichen lässt – und zwar nicht nur für die eigene Gesundheit sondern vor allem auch für die des Babys.

» Vitamin C

In Deiner Schwangerschaft ist Deine Immunabwehr geschwächt, was dazu führt, dass Du anfälliger für Infektionen wirst – mit einer ausreichenden Zufuhr an Vitamin C kannst Du das Risiko allerdings ein wenig eindämmen.
Doch Vitamin C ist nicht nur für die Minimierung von Infektionen verantwortlich, sondern auch sowohl für Dich als auch für Dein Baby hinsichtlich anderer Aspekte noch sehr relevant. So ist es beispielsweise auch wichtig für den Aufbau des Bindegewebes, der Knochen sowie der Zähne.
Umso wichtiger ist es, dass Du Dir darüber bewusst bist, dass Dein Vitamin C-Bedarf in Deiner Schwangerschaft höher ist als normal. Deshalb solltest Du darauf Acht geben, dass Du

Vitamin C-reiche Lebensmittel zum festen Bestandteil Deines Speiseplans machst.
Gute Lieferanten von Vitamin C sind beispielsweise frisches Obst, vor allem schwarze Johannisbeeren und Zitrusfrüchte, frisches Gemüse aber auch Kartoffeln.
Außerdem verbessert Vitamin C auch die Aufnahme von Eisen, was Du vor allem für den Mutterkuchen, sprich die Plazenta, und die größere Blutmenge benötigst.

» Vitamin D

Wenngleich Dein Vitamin D-Bedarf in der Schwangerschaft genauso groß ist wie der anderer Erwachsener auch, solltest Du auf eine ausreichende Vitamin D-Zufuhr in Deiner Schwangerschaft achten, denn Vitamin D ist nicht nur wichtig für Deine eigenen Knochen sondern vor allem auch für gesunde und starke Knochen Deines Kindes.
Vitamin D wird durch Deinen eigenen Körper produziert sobald Du Deine Haut der Sonneneinstrahlung aussetzt – dadurch wird auch der größte Teil Deines Vitamin D- Bedarfes abgedeckt, denn letztlich stammt nur ein geringer Teil des Vitamins aus der Nahrung. Wenn Du also darauf achtest, dass Du ausreichend Sonne an Dich heranlässt, so wirst Du auch kein Problem mit einem Vitamin D-Mangel entwickeln.
Ein Mangel an Vitamin D bewirkt, dass die Knochen weicher werden, was bei Erwachsenen fachsprachlich als Osteomalazie, bei Kindern als Rachitis bezeichnet wird.
Zur Vorbeugung empfiehlt es sich, gerade in der Schwangerschaft, täglich ein wenig an die frische Luft zu gehen um

Sonne aufzutanken. Wie lange Du dabei die Sonnenbestrahlung an Dich heranlassen solltest ist nicht nur abhängig von der Jahreszeit, sondern auch von Deinem Hauttyp und der geographischen Breite, auf der Du Dich befindest. In Deutschland solltest Du mit einem hellen Hauttyp während der Sommerzeit sprich zwischen Juni und August etwa fünf bis zehn Minuten täglich die warme Mittagssonne an Deine Haut lassen. Diese sollte dabei im bestenfalls im Gesicht, an den Händen sowie an einem Großteil Deiner Arme und Beide unbedeckt und ohne Lichtschutz sein, damit Deine Haut ausreichend Vitamin D bilden kann.

Darüber hinaus solltest Du Lebensmittel mit einem relativ hohen Vitamin D-Gehalt in Deinen Speiseplan integrieren – so zum Beispiel fetten Seefisch wie beispielsweise Hering oder Lachs.

Sollte der Arzt bei Dir einen gesundheitlich bedenklichen Vitamin D-Mangel nachweisen können, so wird er Dir die zusätzliche Einnahme von Präparaten mit Vitamin D empfehlen.

» Vitamin E

Innerhalb Deiner Schwangerschaft ist der Bedarf an Vitamin E nur geringfügig gesteigert, das heißt wenn Du Dich schlichtweg einfach nur ausgewogen ernährst, wirst Du für gewöhnlich bereits eine ausreichende Menge des fettlöslichen Vitamins zu Dir nehmen.

Vitamin E ist gerade in pflanzlichen Ölen wie Sonnenblumen- oder auch Weizenkeimöl enthalten, andere Vitamin E- Lieferanten sind beispielsweise auch Haselnüsse, Mandeln aber auch Süßkartoffeln.

Das Vitamin E wird von Deinem Körper vor allem für die Gesundheit Deines Immunsystems benötigt und trägt zu der Entgiftung zellschädigender freien Radikalen bei, die beispielsweise durch das Rauchen entstehen.

Weitere Mineralien und Spurenelemente

Den Großteil sonstiger Mineralien und Spurenelemente, die für Deine Schwangerschaft wichtig sind, nimmst Du im Normalfall bereits ausreichend über Deine Ernährung zu Dir. Zu diesen Mineralien und Spurenelementen gehören Kalium, Magnesium, Phosphor sowie auch Zink.

Allerdings kann es trotzdem dazu kommen, dass Du vor allem in der Nacht schmerzhafte Wadenkrämpfe durchleidest – dies kann nicht nur aufgrund einer falschen Schlafposition ausgelöst werden, sondern auch in einem Magnesiummangel begründet liegen.

Um Deinen Magnesiumhaushalt aufzufüllen kannst Du Lebensmittel wie grünes Gemüse, Nüsse, Salat sowie Vollkornprodukte zu Dir nehmen.

Da Magnesium allerdings ein wasserlösliches Mineral ist, kommt es nicht selten dazu, dass gerade in der heißen Jahreszeit oder bei sportlicher Aktivität ein Magnesiummangel entsteht. Sollte dies passieren, kann es sein, dass Du unter Krämpfen leidest – in solchen Fällen kann ein Gespräch mit Deinem Arzt beziehungsweise Deiner Ärztin zur Verordnung eines Magnesiumproduktes führen, um Deinen Magnesiumhaushalt wieder auf ein gesundes Maß zu bringen.

Was geschieht mit Deinen Haaren, Deiner Haut und Deinen Zähnen während *der Schwangerschaft*

Bereits innerhalb der ersten Schwangerschaftswochen kannst Du die ersten körperlichen Reaktionen mit einhergehenden Veränderungen wahrnehmen, denn letztlich wirken sich die Hormone, die Dein Körper nun während Deiner Schwangerschaft ausschüttet, nicht nur auf Deinen Stoffwechsel sondern auch auf Dein Äußeres aus.

» *Deine Haare*

Trockenes Haar

Es ist nicht außergewöhnlich, dass Deine Haare innerhalb der Schwangerschaft zu Trockenheit neigen – doch dies kannst Du ganz einfach beheben, indem Du mit einer Bürste kräftig durch Dein Haar fährst, denn so regst Du nicht nur die Durchblutung Deiner Kopfhaut an, sondern auch Deine Talgdrüsen.
Auf diesem Weg sorgst Du außerdem auch dafür, dass der Talg in Deinen Haarlängen sowie den Spitzen verteilt wird und Dein Haar gesund und glänzend wirkt.
Des Weiteren solltest Du Deine Haare pflegen, indem Du wöchentlich eine Sesamölkur durchführst. Dafür massierst Du einfach nur drei Esslöffel von einem Sesamöl in Deine Haarlängen ein und wickelst Deine Haare dann in ein vorgewärmtes Handtuch. Die Kur

musst du dann lediglich noch etwa eine halbe Stunde lang einwirken lassen bevor Du das Öl mit Hilfe eines milden Haarshampoos wieder auswäscht.

Fettendes Haar

Wenn Du unter schnell fettendem Haar leidest solltest Du darauf verzichten den Fön zu häufig zu nutzen, außerdem solltest Du fortan auf heißes Wasser zum Waschen Deiner Haare verzichten. Sowohl der Fön als auch das heiße Wasser regen die Talgproduktion noch zusätzlich an.
Um dem entgegenzuwirken kannst Du nach dem Waschen Deiner Haare zwei Esslöffel Zitronensaft nehmen und diesen in Deine Kopfhaut einmassieren, ausspülen und danach solltest Du sie dann im besten Fall an der Luft trocknen lassen.

Volles Haar

In der Schwangerschaft ist steigt das Hormon Progesteron an, was einen langsameren Haarwechsel zur Folge hat. Dein Haar bleibt jedoch auch länger auf Deinem Kopf, sodass es keine Seltenheit ist, wenn Du nun eine wallende Mähne wie aus einer Shampoo-Werbung trägst.
Allerdings kann es durch den zeitgleichen Anstieg des männlichen Hormons Testosteron auch dazu kommen, dass Deine Haare nicht nur auf dem Kopf sprießen, sondern auch an anderen, unerwünschten Stellen. Doch sei beruhigt, das wird mit der Zeit wieder vorbeigehen.

» Deine Haut

Ebenmäßige Haut

Während Deiner Schwangerschaft werden vermehrt weibliche Sexualhormone, die sogenannten Östrogene, ausgeschüttet, die bei den meisten Frauen für rosigere und straffere Haut sorgen, was vor allem darin begründet ist, dass Dein Bindegewebe vermehrt Wasser einlagert, was wiederum Deine Fältchen optisch nahezu vollständig verschwinden lässt.

Trockene bis fettige Haut

Durch die Schwangerschaft kann es jedoch auch geschehen, dass Deine Haut entweder zu Trockenheit neigt oder sie fettiger wird. Bei einigen Frauen verschwindet möglicherweise eine vorhandene Akne, während sich bei anderen die Pickel und Mitesser vermehren.
Umso wichtiger ist es, dass Du in Deiner Schwangerschaft darauf achtest, Deine Hautpflege Deinem aktuellen Hauttypen anzupassen.
Wichtig ist, dass Du nicht versuchst mit aggressiven Seifenprodukten gegen die entstehenden Unreinheiten zu arbeiten – versuche stattdessen eine seifenfreie dermatologische Waschlotion und suche unter Umständen eine Kosmetikerin auf.

Eine Kosmetikerin kann Dir dabei die helfende Hand sein, um herauszufinden, welche Produkte nun für Dich am besten geeignet sind.
Auch Dein Frauenarzt beziehungsweise Deine Frauenärztin kann im Fall von Unreinheiten ein geeigneter Ansprechpartner beziehungsweise eine geeignete Ansprechpartnerin sein und euch gegebenenfalls nach dem ersten Trimester Zinktabletten verschreiben oder Dir andere homöopathische Mittel empfehlen, die gegen die Unreinheiten helfen können.
Aber Du kannst beruhigt sein, denn bereits kurze Zeit nach Deiner Entbindung normalisiert sich Deine Haut auch wieder.

» Deine Kauwerkzeuge

Von den Veränderungen Deines Körpers bleiben schlussendlich auch Deine Zähne nicht verschont.
Aufgrund der hormonellen Veränderungen ist Zahnfleischbluten keine Seltenheit, immerhin wird Dein Zahnfleisch deutlich stärker durchblutet als es zuvor der Fall gewesen ist. Auch Dein Mundraum im Allgemeinen wird deutlich sensibler, wodurch das alleinige Zähneputzen bereits ausreichend sein kann um ein Zahnfleischbluten auszulösen.
Darüber hinaus verändert sich zudem die Zusammensetzung Deines Speichels – wenn dann auch noch die Schwangerschaftsgelüste hinzukommen, wird nicht selten auch die Kariesbildung verstärkt. Deshalb ist es auch enorm wichtig, dass Du besonders auf eine ausgiebige Zahnhygiene achtest.

Dazu gehört nicht nur das tägliche Zähneputzen am Morgen und Abend, sondern auch die Verwendung von Zahnseide nach dem Zähneputzen.
Suche während Deiner Schwangerschaft aber in jedem Fall zu Deiner eigenen Sicherheit und vor allem zu der Deiner
Zähne einen Zahnarzt auf, der noch einmal einen kontrollierenden Blick auf Deine Zähne richtet.

Beziehung und Sex

Wenn Du schwanger bist dann lebst Du ein wenig für Dich – in Deiner eigenen kleinen Welt... Doch vergiss nicht, dass es da auch noch Deine Beziehung gibt, Deinen Partner, der Dich aufrichtig liebt und der von Dir dieselbe Liebe erfahren möchte. Auch als werdende Mutter bist Du immer noch eine liebenswerte Frau, die ihren Bedürfnissen nachkommen darf. Und zu jeder gesunden Beziehung gehört eben auch der Sex – nicht anders ist schließlich auch Dein Kind entstanden – aus Liebe. Aus Liebe zu Deinem Partner, aus dem tiefsten Wunsch heraus Eltern zu werden.

Papa wird schwanger

Was passiert mit dem Werdenden Vater?

Auch, wenn Du diejenige bist, die das Baby in sich trägt – der werdende Vater ist immer ein wenig mit schwanger. Es ist keine Seltenheit, dass Männer von Stolz erfüllt sind, sobald sie darüber in Kenntnis gesetzt werden, dass ihre eigene Partnerin nun tatsächlich von ihnen schwanger ist. Für sie bedeutet es immerhin einen Grund zur Freude – denn für sie ist es ein Zeichen dafür, dass sie fruchtbar sind – und das kann selbst den Männern so ergehen, die sich vielleicht in dem Augenblick auch gar kein Kind gewünscht haben.

Und nach der anfänglichen Freude begreifen die Männer dann tatsächlich, was diese Tatsache für sie und den Rest ihres Lebens nun überhaupt bedeutet. Denn schlussendlich bedeutet Deine Schwangerschaft, dass Dein Partner nun auf ewig nicht nur mit Deinem, mit Eurem, Kind verbunden sein wird, sondern auch mit Dir. Das kann bei einem Mann Angstgefühl auslösen – davon solltest Du Dich als Frau jedoch nicht verunsichern lassen, denn auch diese Gefühlszustände sind bei Männern vollkommen normal.

Wenn Du Deinem Partner mitteilst, dass Du von ihm schwanger bist, darfst Du auf keinen Fall mit der Erwartung herangehen, dass Dein Mann nun in völlig freudiger Erwartung aus sich herausbricht,

denn die Gefühle, die in diesem Augenblick zum Vorschein kommen – ob Ablehnung, Bedenken oder doch eher die wahre Freude – sind von vielen Aspekten abhängig. Männer und Frauen brauchen in der Regel ohnehin eine unterschiedlich lange Zeit dafür, sich mit der sich daraus ergebenen, neuen Situation auseinanderzusetzen und sich zurechtzufinden.
Deshalb ist es auch wichtig, dass Du Dich offen und ehrlich mit Deinem Partner unterhältst und ihr euch auch über die widersprüchlichsten Gedanken und Gefühle austauscht, denn nur auf diesem Weg wird es Euch möglich sein, mit der Zeit eine einvernehmliche Sicht der Dinge zu entwickeln.
Dein Partner durchlebt die Schwangerschaft zusammen mit Dir und empfindet dementsprechend im Laufe der Zeit auch die unterschiedlichsten Dinge.
So können sich auch gerade in der ersten Zeit Deiner Schwangerschaft Sorgen in Deinem Partner breit machen, ob Deine Schwangerschaft denn überhaupt bestehen bleibt. Immerhin besteht in den ersten zwölf Wochen noch ein recht hohes Risiko einer Fehlgeburt. Das ist auch der Grund dafür, dass viele Paare sich dazu entschließen, ihre Schwangerschaft erst bekannt zu geben, sobald sie über die ersten kritischen Wochen hinweg sind.
Doch nicht nur Du sondern auch Dein Partner sollte, besonders in den ersten Wochen Deiner Schwangerschaft, im Hinterkopf behalten, dass die meisten Fehlgeburten im frühen Stadium der Schwangerschaft aus einem Grund geschehen. Denn oftmals ist der Embryo aufgrund einer vorliegenden genetischen Störung gar nicht erst lebensfähig gewesen, sodass der weibliche Körper sich für eine Fehlgeburt entschieden hat. Doch nicht nur genetische

Störungen können Gründe für eine Fehlgeburt sein, sondern auch Erkrankungen wie beispielsweise eine Scheideninfektion oder Wucherungen der Gebärmuttermuskulatur, fachsprachlich Myome.
Je weiter Deine Schwangerschaft jedoch voranschreitet, desto sicherer wird es auch, dass Dein Kind, Euer Kind, in Dir bestehen bleibt und beginnt zu wachsen. Die letzte Gewissheit erhaltet ihr dann während der ersten Ultraschall-Untersuchung, die bei Dir während der Schwangerschaftsvorsorge zwischen Deiner neunten und zwölften Schwangerschaftswoche vorgenommen wird. Ihr erfahrt in diesem Termin, wie es Eurem Kind geht und ob es sich gesund weiter entwickeln wird.

Mittlerweile konnte sogar nachgewiesen werden, dass der Testosteronspiegel in den ersten Schwangerschaftswochen deutlich sinkt und dafür das sogenannte Prolaktin stark ansteigt. Prolaktin ist dabei auch unter der Begrifflichkeit „Milchbildungshormon" bekannt – bei dem werdenden Vater sorgt es dafür, dass sich in ihm eine ausgeprägte Fürsorglichkeit bildet. Kurz vor der Geburt des Babys steigt das Prolaktin sogar noch um bis zu 20 Prozent an, was die Beeinflussung des Gehirns zur Folge hat – während dieser Zeit findet der Übergang vom männlichen ins väterliche Gehirn statt.
Gerade in den ersten Monaten befindet sich Dein Partner vermutlich in einer freudigen Aufbruchsstimmung, die zugleich allerdings von einer seltsamen Vagheit durchkreuzt wird – immerhin besteht der Kontakt zu Eurem Kind zu diesem Zeitpunkt mehr in der Fantasie als in der Realität. Doch nicht selten sind Männer in dieser

Zeit besonders damit beschäftigt, sich mit der neuen Verantwortung zu befassen, die ihr Leben bereits in wenigen Monaten bestimmen wird.
Tatsächlich ist Dein Partner ein wenig mit Dir gemeinsam schwanger – und das ist wortwörtlich gemeint, so macht sich bei ihnen nicht selten das sogenannte Couvade- Symptom bemerkbar. Auch bei ihm können sich nun typische Schwangerschafts-symptome einstellen – dies liegt vor allem an der veränderten Hormonkonstellation.
Es kommt tatsächlich recht häufig vor, dass auch der Mann von den typischen Symptomen wie Angstanfällen, Erbrechen am Morgen, Kopfschmerzen, Müdigkeit und Übelkeit nicht verschont bleibt. Selbst der Babybauch kann bei manchen Männern zur Realität werden – so kann sich ihr Bauch während Deiner Schwangerschaft ebenso aufblähen und sogar runder werden.
Der werdende Vater durchlebt quasi eine Parallelschwangerschaft zu Deiner eigenen – erstaunlicherweise sind davon sogar rund ein Viertel der Männer betroffen.
Dass sich das Couvade-Symptom, welches aus dem französischen Begriff „couver“ für „ausbrüten“ beziehungsweise „liebevoll betreuen“ entspringt, einstellt, ist vor allem psychosomatisch bedingt. Das bedeutet, dass gerade die Männer betroffen sind, die stark mit ihrer Partnerin mitfühlen, sodass sie sich enorm in ihre Lage hineinversetzen und aufgrund dessen ebenfalls die gleichen Symptome entwickeln. Auf diese Art solidarisieren sie sich also mit ihrer schwangeren Partnerin.
Darüber hinaus verfallen nicht nur Frauen während der Schwangerschaft dem Nestbautrieb, sondern gleichermaßen auch die

Männer – während Frauen jedoch mehr auf die Dekoration des „Nestes“ konzentriert sind, legen Männer ihren Fokus eher auf das Bauen sowie die Anschaffung von Ausstattung.
Nicht selten beginnen Männer dann auch damit, sich mit den Plänen, die Ihr vor dem Eintreten Deiner Schwangerschaft hattet, zu befassen und sich zu fragen, ob all diese Pläne wirklich zu der Sicherheit Euer zukünftigen Familie beitragen können – sowohl auf emotionaler als auch auf finanzieller Ebene. Männer beschäftigen sich dann häufig mit der Frage, ob sie auf der beruflichen Karriereleiter bisher überhaupt weit genug aufgestiegen sind, ob sie stark genug sind um für Dich, Euer Baby und somit Eure kleine Familie Sorge zu tragen.
In den meisten Fällen wird während der Schwangerschaft vom werdenden Vater erwartet, dass er sowohl Stärke als auch Zuversicht ausstrahlt. Dies liegt nicht nur daran, dass er das zumeist selbst möchte – sondern vor allem auch daran, dass die werdende Mutter ein gesteigertes Schutzbedürfnis signalisiert, da sie sich auf eine gewisse Weise für eine bestimmte Zeit in die finanzielle Abhängigkeit ihres Partners begibt. Diese Tatsache kann nicht nur Ängste bei der schwangeren Frau, sondern vor allem auch bei dem Mann auslösen, denn die Zweifel, der Situation nicht gewachsen zu sein, können aufflammen.

Doch schlussendlich wird sich Dein Partner wohl auch mit der Frage beschäftigen, was für ein Vater er für Euer gemeinsames Kind sein möchte, wie es in seinem beruflichen Leben weitergeht – ist die viele Arbeit wichtiger oder doch eher die Zeit mit Eurem Kind? Gerade in dieser Situation beginnen Männer meist damit,

sich an ihre eigene Kindheit zurückzuerinnern und sich mit dem eigenen Vater zu vergleichen – sowohl hinsichtlich der positiven als auch der negativen Aspekte.
Ist Euer Baby dann erst einmal auf der Welt, so stehst nicht nur Du in ständiger Alarmbereitschaft, sondern gleichermaßen auch Dein Partner. Er reagiert ebenso sensibel auf Euren Kind, sein Aussehen sowie seine Stimme wie Du es auch tust – und vor allem verbessert sich zugleich auch das Hören Deines Partners. Doch nicht nur dass – auch seine Sinne werden verschärft, was fast den Hirnaktivitäten gleichkommt, die in der Phase der Verliebtheit empfunden werden. Aufgrund dieser aufkommenden Euphorie, die der Vater empfindet, ist es ihm möglich eine sehr innige und emotionale Bindung zu Eurem gemeinsamen Kind aufzubauen – doch lass Dich nicht von seinem Verhalten vor Dir verunsichern. Denn Väter verhalten sich immer anders, wenn die Mutter des gemeinsamen Kindes nicht anwesend ist – gerade dann, wenn sie sich unbeobachtet fühlen, kommen, aufgrund der Hormone, ihre Hege- und Pflegebedürfnisse zum Vorschein, die sie nun einmal vollends ausleben können.

Sex in der Schwangerschaft

Grundsätzlich steht dem Sex auch während Deiner Schwangerschaft nichts entgegen sofern Deine Schwangerschaft einen normalen Verlauf nimmt, auch wenn es einige körperliche sowie seelische Veränderungen geben kann, die sich unter Umständen auf Deine Sexualität auswirken.

Du brauchst jedoch keine Angst zu haben, dass Du mit dem Eintreten der Schwangerschaft keinen Sex mehr haben darfst, da möglicherweise der Penis Deines Partners in Kontakt mit Deinem Baby kommt, was im Übrigen allein rein anatomisch schon nicht möglich ist. Vielleicht bist auch gar nicht unbedingt Du diejenige, die von dieser Sorge begleitet wird – denn in den meisten Fällen sind es die Väter, die sich darüber Gedanken machen, ob sie dem Baby nicht durch den Geschlechtsverkehr einen Schaden zufügen könnten. Dein Baby ist sowohl durch Deine Gebärmutter als auch durch das Fruchtwasser und die umgebenden Muskeln gut geschützt, sodass es den Geschlechtsverkehr unbeschadet übersteht – selbst dann, wenn Dein Bauch aufgrund eines Orgasmus hart wird und Deine Gebärmutter pulsiert.

Dennoch kann sich Deine Schwangerschaft auf Deine Sexualität auswirken, immerhin stehst Du während der Schwangerschaft unter einer enormen körperlichen sowie seelischen Anpassung, die eben auch Einfluss auf Deine Bedürfnisse nach Nähe sowie Sexualität auswirken. Den meisten Frauen steht es in den ersten Wochen der Schwangerschaft mehr nach Kuscheln, einer entspannten Massage, Nähe sowie Streicheln als nach Sex.

Auch für Deinen Partner kann dies eine enorme Umstellung bedeuten, denn letztlich muss auch er sich an die neue Situation gewöhnen und muss gleichermaßen die Tatsache verarbeiten, dass er in Zukunft die Sorge und Verantwortung für ein kleines Kind übernehmen muss.

Mit dem Eintreten des zweiten Trimesters kann sich das Bedürfnis nach Sex jedoch wieder grundliegend verändern. Dadurch, dass die Mattigkeit und die Übelkeit des ersten Trimesters abnehmen, haben Frauen nicht selten den Wunsch nach einer lustvollen Zeit mit erotischen Empfindungen. Im zweiten Trimester wird Dein Genitalbereich hormonbedingt stärker durchblutet als bisher. Deine volleren Brüste, die empfindlichen Brustwarzen sowie das vermehrte Scheidensekret tragen das Übrige dazu bei, dass Du gerade in diesen Wochen deutlich einfacher zu einem Orgasmus kommen kannst, der übrigens nicht nur Dir, sondern auch Deinem Baby gut tut. Immerhin teilst Du die Endorphine, die während eines Orgasmus ausgeschüttet werden, und die damit verbundenen Glücksgefühle über die Nabelschnur zugleich auch mit Deinem Baby.
Durch die neu dazugewonnen Rundungen bist Du nicht selten sogar noch anziehender für Deinen Partner, sodass Euer Liebesleben gerade in dieser Phase sehr erfüllend sein kann.
Darüber hinaus kann es für Dich und Deinen Partner auch bereichernd sein, dass ihr zu dieser Zeit nicht einmal mehr verhüten müsst.
Sobald Du das dritte Trimester erreichst wird der Sex zu einem recht mühsamen Akt, da die Beschwerden meist wieder stärker werden und Deine Lust durch das Austreten von Vormilch, Deinen Bauch, Rückenschmerzen sowie Sodbrennen wieder ein wenig ausgebremst werden kann.
Wenn Du Dich jedoch noch immer in Deinem Körper wohlfühlst und auch aus der gynäkologischen Sicht keinerlei Risiken bestehen, so kannst Du auch während Deines dritten Trimesters noch

Sex haben. Da jedoch Dein Bauch mittlerweile einen beträchtlichen Umfang gewonnen hat, sind einige Stellungen, die vielleicht bisher gewohnt gewesen sind, nicht mehr möglich, wodurch sich vorrangig Stellungen in der Seitenlange wie die Löffelchen-Stellung oder auch sitzend wie zum Beispiel die Reiter-Stellung oder die Doggy-Stellung anbieten und eher als angenehm empfunden werden.
Die Löffelchen-Stellung entlastet während des Geschlechtsverkehrs nicht nur Deinen Bauch, sondern verringert auch die Eindringtiefe des Penis Deines Partners.
Die Reiter-Stellung ist besonders geeignet, da keinerlei Druck auf Deinen Bauch ausgeübt wird und Du zudem die Kontrolle darüber hast, wie tief der Penis in Dich eindringen kann sowie den Rhythmus während des Geschlechtsverkehrs.
Durch den Vierfüßlerstand der Doggy- Stellung hat Dein Bauch ausreichend Platz, allerdings kann es sein, dass Dein Bauch für Dich auf diese Weise als unangenehm empfunden wird. Entlastend kann dabei ein Kissen wirken, welches Du als Stütze unter Deinen Bauch legst.
Übrigens kann Sex kurz vor der Geburt auch einen durchaus hilfreichen Nebeneffekt haben, denn in dem männlichen Sperma sind Substanzen enthalten, die sehr hormonähnlich sind, die sogenannten Prostaglandine. Sie können Wehen auslösen, den Muttermund deutlich weicher machen sowie dessen Öffnung erleichtern.
Hier ist jedoch kein Grund zur Sorge geboten, denn dies funktioniert nur dann, wenn Dein Körper auch bereit für die Geburt Deines Babys ist.

Unter bestimmten Umständen gilt es jedoch Vorsicht während dem Sex in der Schwangerschaft walten zu lassen – gerade, wenn Du unter bestimmten Schwangerschaftsrisiken leidest ist es anzuraten, dass Du mit Deinem Partner lieber auf das Eindringen seines Penis in Deine Scheide während des Geschlechtsverkehrs verzichtest. Zu diesen Schwangerschafts-risiken gehören insbesondere ein Blasensprung, Blutungen, Infektionen, ein unpassend liegender Mutterkuchen wie es beispielsweise bei der Plazenta praevia der Fall ist oder auch vorzeitige Wehen.
Außerdem solltet Ihr mit dem Sex vorsichtig sein, wenn Du Dich noch im ersten Trimester der Schwangerschaft befindest, Du allerdings bereits eine frühe Früh- oder Fehlgeburt hattest, Du Fruchtwasser verlierst, Du Dich im dritten Trimester befindest und es den Anschein macht, dass es möglicherweise zu einer Frühgeburt kommt oder auch bei einer Mehrlingsschwangerschaft.
Grundsätzlich gilt beim Sex, dass Du und Dein Partner auf Hygiene achtest, denn ein Mangel an Hygiene kann Infektionen begünstigen, was im schlimmsten Fall zu vorzeitigen Wehen oder gar einer Frühgeburt führen kann. Damit sich also gar nicht erst jegliche Bakterien oder Pilze ansiedeln können sollte die Körperhygiene ein unabdingbarer Aspekt während Eures Geschlechtsverkehrs in Deiner Schwangerschaft sein. Kaltes Wasser kann dabei schon völlig ausreichend sein – übertreibe es allerdings mit der Körperhygiene nicht, denn eine übermäßige Körperhygiene kann das schützende Milieu zerstören. Gleiches gilt auch für Deinen Partner, denn auch er sollte unbedingt auf Hygiene und Sauberkeit Acht geben.

Während des Geschlechtsverkehrs kann es dazu kommen, dass Du aus Blutungen in Deinem Genitalbereich wahrnimmst – dies muss nicht zwingend ein Grund zur Sorge sein, denn meist liegt dies in der stärkeren Durchblutung Deines Genitalbereiches begründet. Häufig handelt es sich bei diesen Blutungen lediglich um Kontaktblutungen, die auch während einer normalen gynäkologischen Untersuchung auftreten können.
Sollten die Blutungen jedoch in Verbindung mit Schmerzen auftreten und Du bist Dir nicht über ihre Ursache im Klaren, so ist es ratsam, dass Du einen Arzt beziehungsweise eine Ärztin aufsuchst.

Schwanger im Urlaub

Sobald Du planst, schwanger in den Urlaub zu fahren, solltest Du im Vorfeld alle nötigen Vorbereitungen treffen – dazu gehören während Deiner Schwangerschaft zum Teil auch solche, die Du im nicht schwangeren Zustand nicht mit bedenken musst. Bereite Dich also vor jedem Urlaub gut vor um für alle Eventualitäten gewappnet zu sein.

Die Vorbereitung Deiner Reise

» Gespräch mit Deinem Gynäkologen beziehungsweise Deiner Gynäkologin

Bevor Du überhaupt in Angriff nimmst in den Urlaub zu verreisen ist es wichtig, dass Du Deinen Gynäkologen beziehungsweise Deine Gynäkologin aufsuchst um Deinen Gesundheits- zustand und mögliche Risiken abschätzen zu lassen. Erst, wenn Dein Arzt beziehungsweise Deine Ärztin Dir das Go für Deine Reise gibt solltest Du eine Buchung Deines Urlaubes erst in Erwägung ziehen.

Unter Umständen solltest Du Dir auch eine Bescheinigung über Deine Reisefähigkeit ausstellen lassen, die bestätigt, dass Du auch eine Reise mit dem Flugzeug wahrnehmen darfst.

» Dein Mutterpass

Du solltest auf keinen Fall Deinen Mutterpass Zuhause liegen lassen, wenn Du verreist. Er sollte Dein ständiger Wegbegleiter sein, damit medizinisches Personal auch im Notfall die Möglichkeit hat, sich über Dich und Deinen Gesundheitszustand sowie das Deines Babys zu informieren. Sinnvoll ist es auch, dass Du Dir in Deinem Mutterpass die wichtigsten Begriffe auf Englisch beziehungsweise in der Landessprache Deines gewünschten Urlaubsgebietes notierst.

» Notwendige Versicherungen

Es ist anzuraten, dass Du eine Reiserücktrittsversicherung abschließt damit Du die Reise vorzeitig beenden oder gar nicht erst antreten kannst. Dabei solltest Du jedoch besonders darauf achten, dass die Versicherung auch Schwangerschaftskomplikationen als Grund für einen Reiseabbruch beziehungsweise Reiserücktritt umfasst.
Außerdem solltest Du zugleich auch eine Reisekrankenversicherung abschließen, die auch einen medizinisch sinnvollen Rücktransport einschließt – denn der ansonsten oft durchgeführte medizinisch notwendige Rücktransport ist in den meisten Fällen nicht ausreichend.

» Notwendige Impfungen

Wichtig ist, dass Du abwägst, wie es um Deinen aktuellen Gesundheitsstatus steht, denn wenn Dein Immunsystem geschwächt ist, solltest Du es tunlichst vermeiden in ein Land mit einem erhöhten Infektionsrisiko zu verreisen. Denn wenn Du Dich aufgrund Deiner schwächeren Immunabwehr mit einer Erkrankung infizierst, so kann sich das im schlimmsten Fall auf den Verlauf Deiner Schwangerschaft und sogar auf die Gesundheit Deines Babys auswirken.

In vielen Fällen ist auch eine Impfung gegen gewisse Krankheitserreger innerhalb der Schwangerschaft nicht mehr möglich – und selbst medikamentöse Therapien könnten sich negativ auf Deine Schwangerschaft auswirken. Auch hier gilt es die allgemeine Empfehlung zu verfolgen, dass Du nur in den notwendigsten Fällen geimpft werden solltest.

Erlaubt sind dabei Impfungen wie Diphterie, FSME, Gelbfieber, Hepatitis A und B, Kinderlähmung, Tetanus sowie Typhus.

Der perfekte Zeitpunkt für Deinen Urlaub

» Empfehlung

Der beste Zeitpunkt für einen Urlaub innerhalb Deiner Schwangerschaft liegen zwischen Deiner 18ten und 24ten Schwangerschaftswoche. Denn gerade in dieser Zeit sind die hormonellen Schwankungen besonders niedrig und auch die Morgenübelkeit sowie die Müdigkeit nehmen ab, sodass sie Dich in Deinem Urlaub nicht behindern können.

» Das erste Trimester

Im ersten Trimester ist es eine reine Ermessensangelegenheit, ob Du in den Urlaub verreisen möchtest. Vielleicht leidest Du nicht wie viele andere Frauen unter der Morgenübelkeit oder anderen Schwangerschaftssymptomen und fühlst Dich rundum absolut vital und fit. Wenn dies der Fall ist, dann kannst Du auch innerhalb des ersten Trimesters in den Urlaub verreisen. Am besten sind dann allerdings Reiseziele geeignet, die Dir nicht nur frische Luft, sondern vor allem auch Erholung bieten.

» Das letzte Trimester

Bei Urlauben innerhalb des dritten Trimesters solltest Du vorsichtig sein, denn nicht nur die eingeschränkte Beweglichkeit, geschwollene Füße sowie Stimmungs- und Temperatur- schwankungen können Deinen Urlaub beschwerlich machen, sondern vor allem auch das Risiko einer möglichen Frühgeburt.

Wenn Du also planst im dritten Trimester Deiner Schwangerschaft zu verreisen, so solltest Du zuvor dringend erst einmal eine Absprache mit Deinem Arzt beziehungsweise Deiner Ärztin halten und Dein Reiseziel darüber hinaus mit Bedacht wählen. So bieten sich hier vorrangig Reiseziele an, zu denen Du keinen Flug in Kauf nehmen musst wie zum Beispiel ein Urlaub in einem Wellnesshotel.
Solltest Du jedoch eine Reise mit dem Flugzeug anstreben, so solltest Du Dich über die Bestimmungen der einzelnen Fluggesellschaften informieren, denn viele Fluggesellschaften lehnen den Transport von hochschwangeren Frauen generell ab oder nehmen Dich nur noch mit an Bord, wenn Du ein ärztliches Attest vorweisen kannst.

Das optimale Transportmittel

» Das Flugzeug

Bei der Planung Deines Urlaubes solltest Du stets bedenken, dass die Richtlinien vieler Fluggesellschaften einen Transport von schwangeren Frauen lediglich bis zum Ende der 35ten Schwangerschaftswoche erlauben. In vielen Fällen benötigst Du sogar ab der 28ten Schwangerschaftswoche ein ärztliches Attest über Deine Flugtauglichkeit, dass Du bei der betreffenden Fluggesellschaft einreichen musst. Somit versuchen sich die Fluggesellschaften auf die sichere Seite zu wiegen, dass Dein Kind nicht im Flugzeug auf die Welt kommt.

Des Weiteren werden Dir durch die Fluggesellschaften auch Transporte untersagt, sofern Du unter EPH-Gestose leidest, Du eine Mehrlings- schwangerschaft austrägst oder Du unter einer Placenta Praevia leidest.
Viele Frauen sorgen sich allerdings beim Fliegen um die Gesundheit ihres Babys aufgrund der vorherrschenden Strahlenbelastung. Jedoch kann diese Angst genommen werden, da das Baby auch während des Fliegens keiner erhöhten Strahlenbelastung ausgesetzt wird – außerdem verwendet das Sicherheitspersonal des Check-Ins auch keine Röntgenstrahlung innerhalb ihrer Kontrollen.

Ein Risiko ist für Dich jedoch mit dem Fliegen verbunden – die Thrombose. Aufgrund dessen solltest Du bereits bei der Buchung Deines Fluges angeben, dass Du schwanger bist und den Wunsch äußern, dass Du gerne einen Platz mit einer größeren Beinfreiheit haben würdest. Um das Thrombose-Risiko während des Fliegens zu minimieren solltest Du während des Fluges Thrombose-Strümpfe tragen, Deine Beine nicht überschlagen, sondern vielmehr weit ausstrecken, Deine Füße kreisen lassen und Deine Schuhe ausziehen. Achte darauf, dass Du Dir während des Fluges auch hin und wieder einmal die Beine vertrittst.

Während des Fliegens solltest Du außerdem lockere Kleidung tragen um die Blutzirkulation nicht zusätzlich einzuschränken und ausreichend Wasser beziehungsweise Tee trinken.

Wenn Du unter einer großen Flugangst leidest, so kann dies hohen Stress auslösen, was sich wiederum negativ auf Deine Schwangerschaft auswirken kann. Deshalb solltest Du Dich bereits im Vorfeld Deiner Reise nach geeigneten Meditationsübungen umschauen und gegebenenfalls leichte Medikamente oder beruhigende Hausmittelchen einnehmen.

» Das Auto

Wenn Du mit dem Auto verreist ist es wichtig, dass Du einen Dreipunktgurt verwendest, welcher über Deiner Brust und unter Deinem Bauch liegt. Dies kann zwar ein unangenehmes Spannungs- gefühl auslösen, dennoch solltest Du darauf achten, dass der Geburt eng anliegt. Darüber hinaus solltest Du Deine Rückenlehne möglichst steil einstellen, um den Gurt

unter Deinem Bauch liegen, ihn jedoch nicht auf Deine Fruchtblase drücken zu lassen.
Außerdem solltest Du während der Fahrt regelmäßig Pausen einlegen, in denen Du Dir ein wenig Deine Beine vertrittst um die Blutzirkulation in Deinem Beckenbereich sowie Deinen Kreislauf wieder ein wenig in Gang zu bringen.
Du solltest allerdings nur dann selbst fahren, wenn es nicht anders möglich ist, denn auch das Lenkrad kann ein Verletzungsrisiko darstellen.
Und wenn es tatsächlich während der Fahrt einen Unfall geben sollte, so ist es wichtig, dass Du einen Notarzt anrufst oder Du das nächstgelegene Krankenhaus aufsuchst.

» Die Bahn

Wenn Du Dich für eine Reise mit der Bahn entscheidest, entscheidest Du Dich wohl für das sicherste Verkehrsmittel, was Dir auch einige Vorteile bietet. So hast Du nicht nur ausreichend Beinfreiheit, sondern darüber hinaus auch die Möglichkeit, jederzeit aufzustehen um Dir ein wenig die Beine zu vertreten oder Deine Sitzposition zu verändern.
Allerdings solltest Du hier unbedingt einen Sitzplatz reservieren damit Du in der Bahn nicht zunächst lange nach einem Sitzplatz suchen oder gar stehen musst.

Die besten Reiseziele

» Reisen innerhalb Europas

Während Deiner Schwangerschaft ist es empfehlenswert, Dir ein Reiseziel auszusuchen, welches aufgrund der kürzeren Anreise innerhalb Europas liegt und die 28-Grad-Marke auch im Sommer nicht übersteigt. Denn zu hohe Temperaturen können gerade mit Kurzatmigkeit besonders beschwerlich werden. Außerdem vermeidest Du bei Reisen innerhalb Europas den bekannten Jetlag sowie immense Klimaveränderungen. Auch solltest Du Wert darauflegen, eine anstrengende Rundreise mit schwerem Gepäck aber auch abenteuerliche Aktiv-Trips mit einem eng getakteten Zeitplan lieber auf die Zeit nach Deiner Schwangerschaft zu verschieben.

Wenn Du einen Urlaub in den Bergen planst – unter Umständen sogar einen Wanderurlaub, dann solltest Du dabei stets bedenken, dass der Luftdruck ab 1.800 Höhenmetern abnimmt, was zur Folge hat, dass es neben der Kurzatmigkeit auch zu Schwindel- Anfällen sowie Sauerstoffnot kommen kann. Dennoch musst Du nicht grundsätzlich auf die Bewegung verzichten, denn diese tut nicht nur Dir, sondern vor allem auch Deinem Baby gut.

» Internationale Reisen

Zwar sind Reisen in ferne Länder grundsätzlich nichts, was Du in Deiner Schwangerschaft nicht machen darfst – allerdings gilt die Devise es nicht zu übertreiben.

Achte bei der Wahl Deines Reisezieles demnach darauf, dass Du Dich nicht für ein Ziel entscheidest, in dem eine hohe Infektionsgefahr für Krankheiten wie Gelbfieber, Hepatitis E sowie Malaria besteht. Zu den Ländern mit einer hohen Infektionsgefahr gehören insbesondere Indien, Mittelamerika, Südostasien sowie Zentralafrika.

Zwar gibt es gegen diese Erkrankungen Impfungen, diese sollten jedoch nur bei einer unabwendbaren Notwendigkeit injiziert werden.

Trotz dessen gibt es allerdings auch Länder, die Du ohne eine hohe Infektionsgefahr bereisen kannst. Hier kommen beispielsweise Australien, Japan, die Kapverden oder auch die USA in Frage, denn all diese Reiseziele besitzen neben den westlichen Standards auch eine optimale medizinische Versorgung. Bedenke bei diesen Reisezielen jedoch, dass sie mit einem Langstreckenflug verbunden sind und überlege, ob dies für Dich unter Umständen ein Problem darstellen könnte.

Tipps für Deine Reise

Bei jeder Urlaubsreise solltest Du immer im Hinterkopf haben, dass es wichtig ist, Krankheiten zu vermeiden. Aufgrund dessen gibt es auch einige Dinge, die Du beachten solltest.

» Reiseapotheke

Du solltest auf jede Deiner Reisen vorsorglich immer eine Reiseapotheke mitnehmen, welche Du mit unterschiedlichen Medikamenten füllst. Achte dabei darauf, dass alle enthaltenen Medikamente auch für Dich in der Schwangerschaft geeignet sind und führe dazu auch noch einmal ein Gespräch mit Deinem Arzt beziehungsweise Deiner Ärztin. Deine Reiseapotheke sollte neben den Präparaten, die Du regelmäßig zu Dir nimmst wie beispielsweise Eisen, Folsäure oder auch Magnesium Medikamente und Mittel enthalten, die Dich im Notfall bei den folgenden Erkrankungen entlasten können:

- Durchfall: beispielsweise Kohletabletten
- Elektrolytverlust
- Erkältung und Halsschmerzen: beispielsweise Hustenbonbons und Meerwasser-Nasenspray
- Fieber & Schmerzen: beispielsweise Paracetamol
- Leichte Krämpfe
- Mücken- & Insektenstiche
- Prellungen & Schwellungen
- Sodbrennen: beispielsweise Mandeln

- Sonnenbrand & Sonnenallergie
- Übelkeit & Erbrechen

» bestimmte Lebensmittel vermeiden

Auf gewisse Lebensmittel solltest Du in dem Land, welches Du im Rahmen Deines Urlaubes bereist, verzichten um das Risiko von Krankheiten zu minimieren. Vermeide also bestenfalls die folgenden Lebensmittel:

- Eis
- Eiswürfel
- Leitungswasser
- Meeresfrüchte
- ungeschälte Früchte
- ungeschältes Gemüse

Bereise Dein Urlaubsziel stattdessen lieber nach dem Grundsatz „Cook it, peel it, fry it or forget it“, das bedeutet, dass Du selbst beim Zähneputzen nur Wasser verwenden solltest, welches Du zuvor abgekocht hast um sicherzugehen, dass wirklich keine Krankheiten entstehen können. Auch, wenn Du unter einer noch so kleinen Magenverstimmung leidest, stellt dies ein vermeidbares Risiko für Deine eigene Gesundheit und vor allem für die Deines Babys dar. Im schlimmsten Fall kann dies darin enden, dass Du Dich durch schlechte Lebensmittel mit Hepatitis A infizierst.

» Keine pralle Sonne

Deine Haut wird während Deiner Schwangerschaft deutlich empfindlicher, wodurch sie auch stärker auf die UV-Strahlung reagiert. Deshalb solltest Du sowohl Dich als auch Deinen Baby-Bauch keiner allzu starken und vor allem nicht der prallen Sonne aussetzen.

» Sauberes Wasser

Gerade, wenn Du vorhast, an dem von Dir ausgewählten Urlaubsziel schwimmen zu gehen, so solltest Du stets darauf achten, dass Du dies lediglich in sauberen Gewässern und Pools tust.

» Nicht höher als 2.000 Meter

Je höher Du hinaufsteigst, desto dünner wird die Höhenluft – die Folge daraus sind starke Kreislaufprobleme, die Dich plagen können sobald Du eine Höhe von 2.000 Metern überschreitest.

» Was du unbedingt mitnehmen solltest

Es gibt einige Dinge, die Du nicht vergessen solltest, wenn Du Dich auf den Weg in den Urlaub machen möchtest. Nachfolgend findest Du eine kurze Auflistung der Dinge, die auf keinen Fall fehlen dürfen:

» Dein ärztliches Attest

» Eine Banane, Kekse, ein Stück Schokolade oder Traubenzucker griffbereit falls Dein Kreislauf einmal zusammenbrechen sollte

» Eine Flasche Wasser

» Kleidung, die sowohl gemütlich als auch locker sitzt

» Dein Mutterpass zusammen mit einer Kopie, in dem auch die Kontaktdaten Deines Gynäkologen beziehungsweise Deiner Gynäkologin aufgeführt sind

» Deine Reiseapotheke

» Schuhe, beispielsweise Flipflops, die Du anziehen kannst, sobald Deine Füße beginnen anzuschwellen

» Deine Sonnenbrille und ein Sonnenhut

» Utensilien zum Schlafen und Entspannen, wie zum Beispiel ein Seitenschläferkissen

» Deine Versicherungskarte und Deine Versicherungsunterlagen

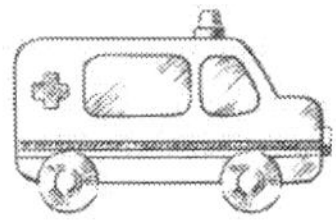

Nun ist es soweit

Du näherst Dich in großen Schritten dem Ende Deiner Schwangerschaft und somit dem Tag, an dem Du Dein Baby das erste Mal in Deinen Armen halten wirst. Umso wichtiger ist es, dass Du nun die allerletzten Vorbereitungen für den großen Tag triffst und alles Wichtige in die Wege leitest um den anstehenden Stress am Tag der Entbindung so gering wie nur möglich zu halten.

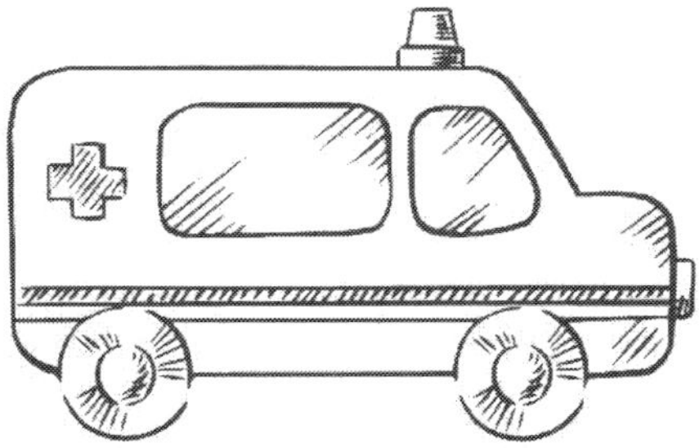

Die Hebamme als eine wichtige Unterstützung

Wenn Du bisher angenommen hast, dass alle Schwangerschaftsvorsorgen lediglich durch Deinen Arzt beziehungsweise Deine Ärztin vorgenommen werden können, liegst Du falsch, denn immerhin kannst Du auch Deine Hebamme damit betrauen, diese Aufgabe zu übernehmen.
Grundsätzlich sind Hebammen dazu befähigt nahezu alle Maßnahmen vollkommen eigenständig durchzuführen. So kann sie nicht nur Deine Schwangerschaft feststellen und Dir Deinen Mutterpass

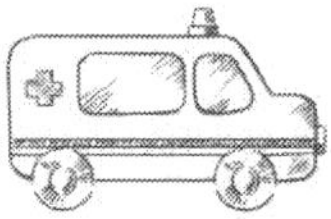

ausstellen, sondern auch jegliche Vorsorgeuntersuchungen durchführen. Die Ausnahme bilden dabei allerdings die Ultraschall-Untersuchungen, denn diese können ausschließlich von Deinem Gynäkologen beziehungsweise Deiner Gynäkologin vorgenommen werden.
Außerdem kann es auch weitere Fälle geben, in denen das Kontaktieren Deines Arztes beziehungsweise Deiner Ärztin unvermeidbar ist. Dies gilt insbesondere, wenn in Deiner Schwangerschaft Komplikationen oder auch Unregelmäßigkeiten auftreten, die einen Termin bei Deinem Gynäkologen beziehungsweise Deiner Gynäkologin erfordern.
Wenn Du Dich erst einmal für eine Hebamme entschieden hast, mit der Du Dich gut verstehst, so wird diese Dich durch Deine gesamte Schwangerschaft begleiten und in den unterschiedlichen Phasen Deiner Schwangerschaft dementsprechend auch unterschiedliche Aufgaben wahrnehmen.
Während Deiner Schwangerschaft werden Dir von Deiner Hebamme Geburtsvorbereitungskurse angeboten, die sowohl in der jeweiligen Hebammenpraxis als auch in Kranken- sowie Geburtshäusern stattfinden. Ein solcher Geburts-vorbereitungskurs empfiehlt sich vor allem ab Deiner 25ten Schwangerschaftswoche.

Generell entscheiden sich heutzutage viele Frauen dafür, sich bereits sehr früh eine Hebamme zu suchen und diese zu engagieren, da die Arbeit, die von ihnen geleistet ist, einen deutlich größeren Leistungsrahmen abdeckt als die eines normalen Arztes. Somit ist eine Hebamme für Dich nicht nur hinsichtlich den medizinischen

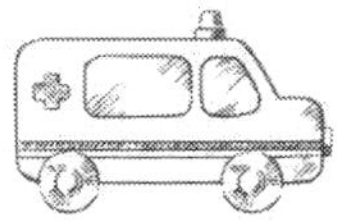

Aspekten für Dich da sondern agiert hauptsächlich als Ansprechpartnerin in allen sich Dir auftuenden Problemen und Sorgen, die rund um Deine Schwangerschaft, die Geburt sowie das Wochenbett entstehen können.

Während der Geburt Deines Kindes steht Dir in jedem Fall eine Hebamme zu – auch dann, wenn Du Dir selbst keine ausgesucht hast. Geregelt wird diese Tatsache durch das Deutsche Hebammengesetz, welches vorschreibt, dass bei jeder Geburt eine Hebamme vor Ort sein muss. Wenn Du Dich also nicht für eine Hebamme entschieden hast, die Deinen Erwartungen entspricht, so wird Dir für die Geburt eine Hebamme beiseitegestellt, welche auf Abruf arbeitet und im Krankenhaus als Angestellte arbeitet. Es ist einem Arzt beziehungsweise einer Ärztin immer nur im äußersten Notfall erlaubt, ohne das Beisein einer Hebamme die Entbindung durchzuführen.

Die Hebamme ist während der Entbindung für die Überwachung Deines Gesundheits-zustandes sowie der Deines Kindes aber auch für den Geburtsverlauf zuständig. Eine Hebamme ist allerdings auch dazu berechtigt, die Geburt ohne die Anwesenheit eines Arztes beziehungsweise einer Ärztin durchzuführen – jedoch ist auch sie dazu angehalten, bei auftretenden Komplikationen umgehend einen Arzt zu konsultierten.

Auch während Deines Wochenbettes steht Dir Deine Hebamme weiterhin zur Seite. In dieser Zeit überwacht sie innerhalb von üblicherweise rund 16 Terminen in den ersten acht Wochen nach der Geburt, wie es Dir und Deinem Baby geht. Dabei kontrolliert sie nicht nur, wie die Nabelschnur Deines Babys abheilt, sondern

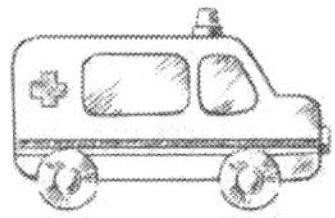

auch, wie sich Dein Beckenboden sowie Deine Gebärmutter zurückbilden und die Wundheilung, falls bei Dir eine Dammverletzung vorliegt.
Deine Hebamme nimmt für Dich eine beratende Funktion ein, gerade wenn es um das Stillen und die Pflege Deines Babys geht. Sie begleitet also die ersten Entwicklungen, die Dein Baby macht und schaut, wie sich die Beziehung zwischen Dir und Deinem Baby entwickelt. So kann sie feststellen, ob die Abläufe zwischen Euch bereits gut funktionieren oder ob Du gegebenenfalls an manchen Stellen noch Hilfestellungen benötigst oder auch nur einfach eine beratende Person, die Dir beisteht.

Darüber hinaus ist sie selbst dann Deine erste Ansprechpartnerin, wenn sich während Deines Wochenbettes psychische Probleme entwickeln. Dies ist nicht selten der Fall, denn immerhin stellen sich Deine Hormone auch nach der Geburt noch einmal um – auf den sogenannten Baby-Blues. Im Normalfall dauern die psychischen Probleme nur wenige Tage an – allerdings können sich die psychischen Probleme auch zu einer förmlichen Wochenbettdepression entwickeln, die dann in jedem Fall eine Behandlung benötigt.
Es gibt viele Gründe, warum eine Hebamme für Dich bereits während der Schwangerschaft empfehlenswert sein kann und vor allem dafür, dass Du Dir Deine eigene Hebamme aussuchst.

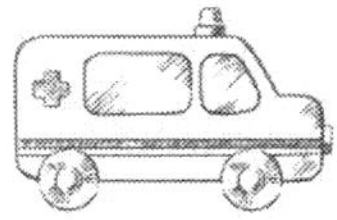

» Deine Hebamme beantwortet Dir all die Fragen, die aufkommen.

Vor Deiner Hebamme gibt es keine Fragen, die Du nicht stellen darfst – und genau somit ist es etwas anderes als wenn Du Dich mit Deiner Mutter, Deiner Schwester oder mit Freundinnen unterhältst. Wenn Du Deiner Hebamme eine Frage stellen möchtest dann gibt es keinerlei Peinlichkeiten, es gibt keine Schamgrenzen und Du brauchst Dich auch mit nichts zurückzuhalten, denn Deine Hebamme wird Dir jede noch so pikante Frage beantworten können – ob es einfach nur über die Ernährung in Deiner Schwangerschaft ist oder doch über Dinge wie einen Dammriss, einen Einlauf bei der Geburt oder gar Inkontinenz. Vor ihr braucht Dir nichts peinlich zu sein, denn Du kannst Dir sicher sein, dass Deine Hebamme viele dieser Fragen bereits vorher schon mindestens einmal gehört hat.
Und je mehr Informationen Du bereits vor Deiner Geburt sammeln kannst, desto gelassener wirst Du auch in die gesamte Situation hineingehen.

» Deine Hebamme hat sehr viel mehr Zeit als Dein Gynäkologe beziehungsweise Deine Gynäkologin.

Wenn Du Deinen Arzt beziehungsweise Deine Ärztin aufsuchst spürst Du förmlich den Zeitdruck – kein Wunder, der Zeitplan eines Arztes beziehungsweise einer Ärztin ist straff

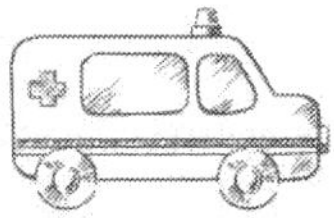

getaktet, immerhin warten im Wartezimmer bereits die nächsten Patientinnen.

Doch eine Hebamme vermittelt Dir das Gefühl, dass sie wirklich Zeit für Dich hat und sich diese auch wirklich nur für Dich nimmt. Für sie zählt in diesem Augenblick nur, was mit Dir ist – da gibt es keine Schwangere, die auf sie wartet und somit einen Zeitdruck verursacht – im Gegenteil, hier gibt es kein richtiges Zeitlimit.

Genau das ist oftmals auch der Grund dafür, dass sich viele Frauen bei einer Hebamme besonders gut aufgehoben und vor allem verstanden fühlen, denn während der Hebamme vor Ort ist stellen Du und Dein Baby den Mittelpunkt dar.

» Deine Hebamme ist jederzeit für Dich erreichbar.

Dein Gynäkologe beziehungsweise Deine Gynäkologin hat einen genau getakteten Zeitplan, was es oftmals schwierig macht, kurzfristig einen Termin zu bekommen.

In Augenblicken, wo plötzlich Blutungen oder undefinierbare Schmerzen auftreten kann ein Anruf bei Deiner Hebamme bereits Beruhigung schaffen. Bei ihr gibt es auch keine festen Sprechzeiten, somit kannst Du sie jederzeit kontaktieren – Deine Hebamme wird Dir weiterhelfen und Dir gegebenenfalls eine Empfehlung aussprechen, das nächste Krankenhaus aufzusuchen.

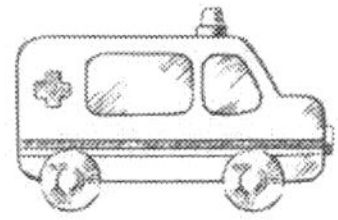

» Vor Deiner Hebamme gibt es keine peinlichen Situationen.

Eine Hebamme sollte im besten Fall für Dich eine Vertrauensperson darstellen, mit der Du wirklich über alles sprechen kannst. Vor ihr muss Dir nichts peinlich sein, es gibt auch keine Themen, die wirklich unangemessen sind.
Selbst körperlich musst Du Dich vor ihr nicht aufgrund irgendwelcher Dinge schämen – wenn Du beispielsweise einen Ausschlag oder entzündete Brustwarzen hast musst Du Dir keine Gedanken machen. Deine Hebamme hat all diese Dinge bereits zuvor schon einmal gesehen und ist in diesen Hinsichten ähnlich wie Dein Arzt beziehungsweise Deine Ärztin, denn auch sie kennt keine Berührungsängste, was Dir noch einmal Sicherheit vermittelt.

» Deine Hebamme ist die Geburtsbegleitung Deines Vertrauens.

Wenn Du kurz vor der Geburt stehst ergibt sich für Dich bereits ausreichend Aufregung und Stress, gerade dann kann es ausgesprochen hilfreich sein, wenn Du bereits Deine Hebamme des Vertrauens hast, die Du anrufen kannst um Dich zu erkundigen, ob Du bereits in das nächste Krankenhaus fahren oder Dich lieber noch ein wenig ausruhen sollst.
Wenn Du dann erst einmal den Weg in das Krankenhaus hinter Dich gebracht hast, wartet dort bereits Deine Hebamme

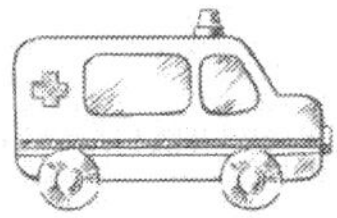

auf Dich – und gerade das wird Dir ein Stück Sicherheit vermitteln, denn immerhin wirst Du durch ein vertrautes Gesicht in Empfang genommen.
Du wirst in diesem Augenblick das Gefühl verspüren, dass nun alles gut werden wird, denn immerhin wird Dir Deine Hebamme nicht mehr von der
Seite weichen – und sie hat das vor Dir schon viele Male gemacht, sodass sie genauestens weiß, was sie zu tun hat.

» Deine Hebamme ist auch über die Geburt hinaus noch für Dich da.

Deine Hebamme wird Dich nicht allein lassen sobald die Geburt überstanden ist – vielmehr wird sie auch nach der Geburt für Dich da sein und Dir all Deine Fragen beantworten sowie Dir hilfreiche Ratschläge geben.
Selbst, wenn Du nach der Geburt in den bekannten Baby-Blues verfällst und es Tage gibt, an denen Du viel weinst, kannst Du mit Deiner Hebamme darüber sprechen. Sie wird ein offenes Ohr für Dich haben und Dir zur Seite stehen.
Außerdem bieten viele Hebammen auch unterschiedliche Kurse an – angefangen bei Baby-Massagen bis hin zu Rückbildungskursen. Wenn Du magst kannst Du an diesen Kursen teilnehmen, die Entscheidung dafür steht Dir jedoch offen.

Wenn Du bereits während Deiner Schwangerschaft eine Hebamme in Anspruch nehmen möchtest, so kannst Du Dich bei dem Geburtshaus oder der Klinik, für die Du Dich entschieden hast,

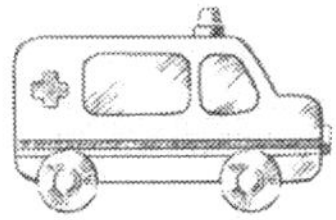

eine Liste aushändigen lassen, auf der die Kontaktdaten der Hebammen zu finden sind. Wünschst Du Dir nun allerdings eine Rundumbetreuung sowohl vor der Geburt als auch während der Geburt und dem Wochenbett, so ist es wichtig, dass Du Dich bereits rechtzeitig nach einer passenden Hebamme umsiehst, denn vor allem in ländlichen Gegenden aber auch in Großstädten mit einem großen Kinderaufkommen wie beispielsweise Hamburg, Köln oder auch München, kann es sich schwierig gestalten, eine Hebamme zu finden, da dort die Nachfrage schlichtweg größer ist als das Angebot an Hebammen. Wenn Du Dich also in einem solchen Gebiet befindest, solltest Du unbedingt bereits weit vor Deiner 20ten Schwangerschaftswoche mit der Suche nach Deiner Hebamme beginnen.

Dabei wirst Du auf die unterschiedlichsten Hebammen stoßen – denn es gibt Angestellte Hebammen, Beleghebammen, Familienhebammen sowie freiberufliche Hebammen.
Angestellte Hebammen haben ihren festen Arbeitsplatz in einer Klinik und sind sowohl im Kreissaal als auch auf der Wochenbett- und Kinderstation eingesetzt.
Beleghebammen sind frei praktizierende Hebammen, die jedoch einen sogenannten Belegvertrag mit einer oder unter Umständen auch mehreren Geburtshäusern und Kliniken geschlossen haben. Sie sind für die Begleitung und Betreuung in der Klinik sowie der Geburt an sich zuständig. Sie arbeiten allerdings nur in den Geburtshäusern und Kliniken, an die sie vertraglich gebunden sind.
Familienhebammen unterscheiden sich in ihrer Tätigkeit von den anderen Hebammen, denn ihre Aufgabe liegt darin, die Familien

nach der Geburt des Babys zu begleiten falls sich Problemsituationen auftun sollten. Sie ist jedoch nicht nur während des Wochenbettes für die Familie da, sondern hilft auch über dieses hinaus, die Bindung zwischen der Mutter und dem Kind zu stärken und mögliche Probleme in der Bindungsfindung zu beheben.
Bei freiberuflichen Hebammen handelt es sich um Hebammen, die rund um die Uhr für schwangere Frauen oder Frauen im Wochenbett zu erreichen sind. Ihre Aufgaben bewegen sich vorrangig in der Vorsorge während der Schwangerschaft, der Durchführung von Hausgeburten aber auch der Betreuung während des Wochenbettes. Sie ist allerdings in den meisten Fällen nicht dazu befähigt, eine Klinikgeburt zu leiten.
Rein gesetzlich steht Dir eine Betreuung durch eine Hebamme zu, wodurch bestimmte Leistungen auch von Deiner Krankenkasse übernommen werden – allerdings längst nicht alle. Aufgrund dessen solltest Du Dich bei Deiner Krankenkasse zu diesem Thema informieren – und zwar nicht nur wenn Du gesetzlich versichert bist, sondern auch als Privatversicherte.

In den meisten Fällen tritt Deine Krankenkasse für die entstehenden Kosten eines Geburtsvorbereitungskurses ein, wenn Dein Partner diesen jedoch mit Dir zusammen besuchen möchte, so muss dieser in vielen Fällen seinen Eigenanteil selbst zahlen.
Wenn Du Dich für eine Betreuung während des Wochenbettes entscheidest und die Hebamme Dich während der ersten acht Wochen nach der Geburt dementsprechend rund 16 Mal besuchen kommt, so musst Du die dafür entstehenden Kosten meist selbst übernehmen. Eine Ausnahme kann es dabei sein, wenn Dir die

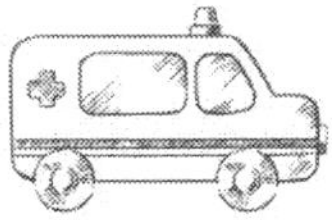

Wochenbettbetreuung durch Deinen Kinder- oder Hausarzt verordnet wurde.
Außerdem bieten Hebammen noch weitere Zusatzleistungen wie beispielsweise die Akupunktur, die Babymassage oder auch Schwangerschaftsyoga an – auch hier werden die Kosten oft nur zu geringen Teilen, überwiegend jedoch gar nicht übernommen.

Umso wichtiger ist es, dass Du weißt, welche Leistungen des Leistungsspektrums einer Hebamme tatsächlich von Deiner Krankenkasse übernommen werden.
Es gibt allerdings auch Leistungen, die generell von den gesetzlichen Krankenkassen gezahlt werden, hierzu zählen die Beratungen während Deiner Schwangerschaft, die Betreuung während der Geburt oder auch bei einer Fehlgeburt im Geburtshaus, Krankenhaus oder Zuhause, die Geburtsvorbereitung, Hilfestellung bei auftretenden Beschwerden innerhalb Deiner Schwangerschaft und Wehen, die Nachsorge sowie Rückbildungsgymnastik und auch die Vorsorgeuntersuchungen, die noch nicht von Deinem Arzt beziehungsweise Deiner Ärztin durchgeführt wurden.

Deine Kliniktasche

Wenn der errechnete Geburtstermin Deines Babys erst einmal näher rückt, solltest Du Dich schlussendlich mit den allerletzten organisatorischen Dingen beschäftigen. Hierzu zählt vor allem auch das Packen Deiner Kliniktasche mit all den Sachen, die Du während Deiner Entbindung im Kreissaal aber auch während der ersten Tage nach der Geburt bei Deinem Krankenhausaufenthalt benötigst.
Die Kliniktasche solltest Du bereits vier Wochen vor Deinem Geburtstermin zusammengeräumt haben – also allerspätestens bis zu Deiner 36ten Schwangerschaftswoche. Im besten Fall suchst Du die Sachen für die Kliniktasche jedoch schon in der 33ten Schwangerschaftswoche zusammen um gegebenenfalls noch Sachen umpacken zu können – und im schlimmsten Fall bereits für eine frühere Geburt gewappnet zu sein. Und mit einer bereits fertig gepackten Kliniktasche vermeidest Du Hektik und Stress, sobald Deine Wehen erst einmal einsetzen oder Deine Fruchtblase plötzlich platzen sollte. Selbst, wenn Du Dich für eine Hausgeburt entschieden hast, solltest Du eine Kliniktasche zusammenpacken.
Wenn es jedoch vorkommen sollte, dass Du aufgrund von unterschiedlichen Umständen wie beispielsweise, dass plötzlich alles viel zu schnell geht, ohne Deine Kliniktasche in den Kreissaal kommen, so ist auch in der Klinik selbst das Nötigste erst einmal vorhanden.
Ab der 36ten Schwangerschaftswoche kann der Zeitpunkt eintreten, ab dem es zu Senkwehen kommt, da sich Dein Baby tiefer in

Dein Becken hineinschiebt und sich dadurch nun in einer günstigen Geburtslage befindet.
Grundsätzlich ist eine Geburt ab der 36ten Schwangerschaftswoche keine Frühgeburt mehr, da Dein Kind bereits voll entwickelt ist und bis zu Deiner 40ten Schwangerschaftswoche lediglich noch an Gewicht zunimmt.

Nachfolgend findest Du die Dinge, die in Deiner Kliniktasche unter keinen Umständen fehlen sollten.

» Wichtige Dokumente sowie Urkunden

Du benötigst in jedem Fall Deine Krankenversicherungskarte, Deinen Mutterpass sowie auch Deinen Personalausweis oder alternativ Deinen Reisepass. Darüber hinaus gibt es noch weitere wichtige Dokumente, die Du unbedingt mitbringen solltest, damit Dein Baby in der Klinik eine Geburtsurkunde ausgestellt bekommen kann. Dafür sind vor allem Deine Heiratsurkunde beziehungsweise, falls Du mit Deinem Partner nicht verheiratet sein solltest, sowohl Deine Geburtsurkunde als auch die Deines Partners sowie das Familienstammbuch, falls eines vorhanden sein sollte, wichtig. Bei ausländischen Eltern müssen die Geburtsurkunden zudem beglaubigt sein.

» Für die Entbindung

Die Geburt Deines Babys kann für Dich anstrengend genug sein und sich nicht selten über mehrere Stunden hinziehen. Deshalb solltest Du Dir möglichst bequeme und weite Kleidung anziehen, ausreichend Snacks mitnehmen, ein wenig Kleingeld für den Getränkeautomaten einpacken und auch Erfrischungsartikel mit in Deine Geburtstasche hineinräumen. Für Dein Baby empfiehlt sich, dass Du ein weiches Handtuch mitnimmst.

» Hygieneartikel und Körperpflege

Vergiss nicht die Hygiene- und Pflegeartikel, die Du täglich verwendest, wie beispielsweise Zahn-, Körper- sowie Pflegeartikel aber auch gegebenenfalls Haargummis. Achte bei parfümierten Artikeln darauf, dass sie keinen zu intensiven Duft haben um Dein Baby während dem Anlegen an Deine Brust nicht zu irritieren. Für die Zeit nach der Entbindung empfehlen sich zudem Binden sowie Stilleinlagen – beides gibt es jedoch auch in den meisten Fällen im Krankenhaus.
Außerdem solltest Du Dir eine Brille für die Geburt mitnehmen falls Du normalerweise Kontaktlinsen tragen solltest, denn wenn die Geburt einmal länger dauern sollte, können Deine Kontaktlinsen schnell unangenehm sein. Wenn Du diese also herausnehmen möchtest, ist es ratsam, dass Du zudem auch noch eine Brille dabei hast.

» Kleidung und Schuhe

In einem Krankenhaus müssen Deine Sachen nicht besonders hübsch aussehen, vielmehr ist es wichtig, dass sie praktisch sind – aufgrund dessen bieten sich an Deinen Füßen vor allem rutschfeste, offene Hausschuhe an, in die Du ganz leicht hineinschlüpfen kannst. Außerdem solltest Du mehrere Nachthemden in Deine Kliniktasche packen, die bestenfalls vorne eine Knopfleiste haben, die es Dir erleichtert Dein Baby zu Stillen.

Wichtig ist auch ein Bade- beziehungsweise Morgenmantel – noch wichtiger sind jedoch bequeme Kleidungsstücke – Baumwollunterhosen, Hosen, Jogginghosen, ein kuscheliger Pullover, Socken, Still-BHs, T-Shirts sowie Unterhemden.

Beim Kauf eines Still-BHs solltest Du diesen am besten mindestens eine Nummer, wenn nicht sogar zwei Nummern größer kaufen, da Deine Brüste größer werden, sobald der Milcheinschuss stattfindet.

» Für Deine Entspannung und Erfrischung

Auch, wenn man es nicht meinen mag, aber selbst, wenn alles um eine Geburt herum aufregend und spannend ist, so wirst Du Dich sicherlich auch nach Momenten der Ablenkung und Entspannung sehnen. Deshalb ist es ratsam, dass Du Dir ein paar Zeitschriften sowie Musik beispielsweise auf einem MP3- Player einpackst – doch vergiss dafür nicht das Ladekabel.

Gerade nach der Geburt kann es aber auch wohltuend sein, wenn Du erfrischende Reinigungstücher in Deiner Kliniktasche dabei hast. Auch besondere Getränke wie beispielsweise Saftschorlen und Snacks sind in der ersten Zeit förmliche Kraftspender.
Im Krankenhaus selbst findest Du in aller Regel ein kostenfreies Angebot für Tee und Wasser.

» Sonstiges, was Du im Krankenhaus benötigen könntest

Damit Du auch während Deines Krankenhausaufenthaltes im Kontakt mit Deiner Familie und Deinen Freunden bleiben kannst ist es wichtig, dass Du sowohl Dein Handy als auch Dein Ladekabel dabei hast. Außerdem ist es empfehlenswert, dass Du einen Fotoapparat einpackst, mit dem Du die ersten Fotos Deines Babys machen kannst.
Sollte in Deinem Zimmer ein Telefonanschluss vorhanden sein, so ist es ratsam, dass Du Dir im Voraus bereits eine Liste schreibst mit den wichtigsten Telefonnummern, die Du im Krankenhaus unter Umständen benötigen könntest.
Auch ein Stillkissen solltest Du griffbereit in Deiner Kliniktasche zurechtlegen.

» Für Dein Baby

Während Du mit Deinem Baby im Krankenhaus bist, ist Dein Baby für gewöhnlich mit den allerwichtigsten Dingen erst einmal versorgt.
Jedoch steht auch der Weg aus der Klinik in Dein Zuhause an, dafür solltest Du also auch schon einmal die wichtigsten Dinge zusammensuchen.

Für die Heimfahrt mit dem Auto benötigst Du unbedingt eine Baby-Sicherheitsschale und vor allem auch grundsätzlich eine kleine Erstausstattung. Die Erstausstattung kannst Du allerdings auch mit in Deine Kliniktasche einpacken – hierzu zählen vor allem mehrere – für den Fall, dass einmal ein kleines Malheur geschieht – Erstlingshemdchen, welche sich leichter anziehen lassen als ein Body, ein Jäckchen sowie Strampler in Größe 56. Außerdem auch eine Ausgehjacke, eine Babydecke, ein Mützchen, warme Socken sowie im Winter zusätzlich gegebenenfalls ein Schaffell oder Strampelsack um Dein Baby warmzuhalten.
Des Weiteren solltest Du eine Wickeltasche für Dein Baby packen, in die Du einige Windeln für Neugeborene, Feuchttücher sowie ein Spucktuch aber auch unter Umständen ein Fläschchen sowie einen Schnuller hineinräumst.

» Für Deinen Partner

Wenn Dein Partner sich dazu entschließt, die Zeit zusammen mit Dir im Krankenhaus zu verbringen, dann sollte er auch er einige Sachen mitbringen. So sind hier neben der Wechselkleidung auch Hygieneartikel wichtig.

Deine Checkliste für die Kliniktasche

Dokumente und Urkunden

Krankenversicherung Karte	
Mutterpass	
Personalausweis oder Reisepass	
Heiratsurkunde beziehungsweise Geburtsurkunden (bei ausländischen Familien beglaubigt)	
Familienstammbuch	

Für die Entbindung

Handtuch für Dein Baby, möglichst weich	
Kleingeld für Automaten	
Kosmetika zur Erfrischung	
Deo	
Lippenbalsam	

langes, weites T-Shirt damit Du auf das offene Flügelhemdchen verzichten kannst	
Snacks, die Dir Energie geben	
Müsliriegel	
Schokolade	
Traubenzucker	
gegebenenfalls etwas zum Lesen	
gegebenenfalls Musik	

Hygieneartikel sowie Körperpflege

Binden	
Haargummis	
Haarpflegeartikel	
Haarbürste	

Shampoo	
Spülung	
Körperpflegeartikel	
Bodylotion	
Deo	
Duschgel	
Gesichtscreme	
Lippenbalsam	
Stilleinlagen	
Zahnpflegeartikel	
Zahnbürste	
Zahnpasta	
gegebenenfalls eine Brille anstelle oder zusätzlich zu Kontaktlinsen	

Kleidung und Schuhe

Bade- oder Morgenmantel	
Baumwollunterhosen	

Hausschuhe, am besten rutschfest	
Hosen	
Jogginghosen	
Nachthemden	
Pullover	
Still-BHs	
Socken, am besten warme	
T-Shirts und Tops, die zum Stillen geeignet sind → weiter Ausschnitt, Wickeltop etc.	
Unterhemden	

Entspannung und Erfrischung

besondere Getränke, zum Beispiel Saftschorle	
erfrischende Reinigungstücher	
Musik	
Snacks	
Zeitschriften	

Sonstiges für Deinen Krankenhausaufenthalt

Fotoapparat	
Smartphone inklusive Ladekabel	
Stillkissen	
Telefonliste mit den wichtigsten Rufnummern	

Erstausstattungs-Produkte für Dein Baby

Ausgehjäckchen	
Baby-Sicherheitsschale	
Babydecke	
Erstlingsmützchen	
Jäckchen	
Socken, möglichst warme	
Strampelsack	
Strampler	
Wickelbodys	
Wickeltasche	
Feuchttücher	
Spucktuch	
Windeln für Neugeborene	
gegebenenfalls ein Fläschchen	
gegebenenfalls ein Schaffell	
gegebenenfalls ein Schnuller	

Für Deinen Partner

Hygieneartikel	
Deo	
Duschgel	
Haarbürste	
Rasierzeug	
Zahnbürste	
Zahnpasta	
Wechselbekleidung	
Hosen	
Oberteile	
Pyjama	
Unterwäsche	

Die Entbindung

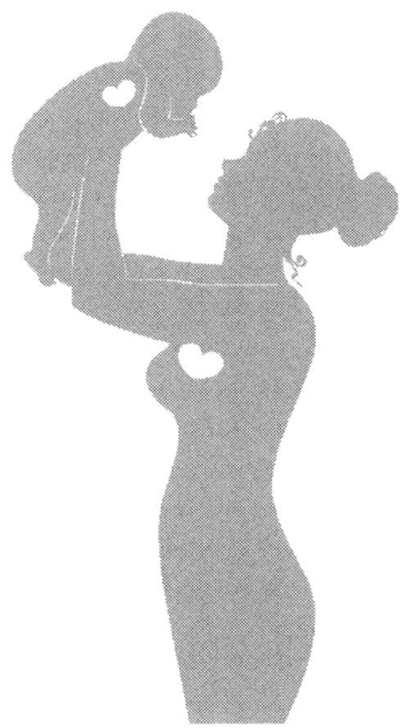

Dadurch, dass es sich bei der Geburt um einen vollkommen natürlichen Prozess handelt, würde diese vermutlich auch ohne das Dazutun von Ärzten und Hebammen ohne Komplikationen ablaufen. Der Ablauf der Geburt folgt immer einem gewissen Schema, welches sich in einzelne Phasen aufteilt. Dennoch ist nicht jede Geburt gleich, denn die einzelnen Phasen unterscheiden sich von Frau zu Frau doch teilweise sehr hinsichtlich ihrer Dauer und Intensität.
Der Beginn einer Geburt kündigt sich durch die sogenannte **Zeichnungsblutung** an, bei der sich der Schleimpropf vom Muttermund löst, sobald sich dieser beginnt zu öffnen. Während der gesamten Schwangerschaft sitzt der Schleimpropf so auf dem Muttermund, dass dieser stets verschlossen ist und somit auch keinerlei Bakterien hineindringen können. Wenn sich also nun die Geburt annähert, löst sich der Schleimpfropf von dem Muttermund und wird in Form eines flüssigen bis hin zu zähem Schleim abgegeben. Bei diesem Vorgang können kleinere Gefäße ein wenig verletzt werden, was nicht selten eine leichte Blutung, die Zeichnungsblutung, nach sich zieht.

Das „Zeichnen“ stellt also einen Hinweis darauf dar, dass die Geburt nicht mehr lange auf sich warten lässt. Das bedeutet allerdings nicht, dass auch bereits am selben Tag bereits die Wehen einsetzen – dies kann auch erst einige Tage später geschehen.
Neben der Zeichnungsblutung kann sich eine anstehende Geburt auch durch weitere Symptome ankündigen – insbesondere durch eine allgemeine Unruhe, Durchfall, Schlaflosigkeit, Übelkeit, ein Völlegefühl oder auch ein Ziehen im Unterleib, welches den Schmerzen während der Periode sehr ähnelt.
In der nächsten Zeit treten dann die **Wehen** auf, die zugleich den Geburtsablauf eröffnen. Bei den meisten Frauen, mit rund 70 bis 80 Prozent, wird der Beginn des Geburtsablaufes mit den Wehen begonnen, dabei zieht sich die Gebärmutter für rund eine halbe Minute zusammen bevor sie sich dann zunächst erst einmal wieder entspannt. Während der ersten Wehen ist der Abstand mit bis zu rund einer halben Stunde noch recht lang – doch mit der Zeit werden dann die Abstände zwischen den einzelnen Wehen immer kürzer. Dies signalisiert Dir, dass Deine Geburt aktuell gut voranschreitet.
Innerhalb der sogenannten **Eröffnungsphase**, die mit dem Einsetzen der Wehen begonnen hat, beginnt sich dann auch Dein Muttermund mehr und mehr zu öffnen. Das Öffnen des Muttermundes steht im Zusammenhang mit den regelmäßiger und engmaschiger werdenden Kontraktionen während der Wehen, während der sich der Kopf Deines Babys in Deinen Beckenring hineinschiebt.
Während des weiteren Verlaufes der Geburt kommt es dann zum **Blasensprung,** also dem Platzen der Fruchtblase. Doch entgegen der Vorstellung vieler Frauen läuft das Fruchtwasser nach dem

Platzen der Fruchtblase nicht schwallartig heraus – dies ist lediglich bei etwa zehn bis fünfzehn Prozent der Geburten tatsächlich der Fall.

Der Blasensprung ist auch für Dein Baby völlig harmlos, sofern es seinen Kopf vor dem Blasensprung bereits fest in Deinem Becken hatte – dann sind auch die Wehen kein Problem. Denn letzten Endes kann sich so nun nicht mehr die Nabelschnur vor den Kopf Deines Babs schieben und darüber hinaus tritt auch nur eine geringe Menge des Fruchtwassers aus.
Sobald das Fruchtwasser allerdings aus Dir heraustritt solltest Du auf die Farbe achten, denn diese kann Aufschluss darüber geben, wie es Deinem Baby gerade geht. Wenn das Fruchtwasser klar ist, gibt es keinen Anlass für Bedenken – anders sieht es allerdings aus, wenn das Fruchtwasser bereits eine grünliche Verfärbung angenommen hat, denn dies bedeutet, dass Dein Baby in das Fruchtwasser gekotet hat und somit möglicherweise unter Stress steht. Am besten informierst Du bei Deinem Blasensprung schon direkt die Klinik, in der Du Dein Baby auf die Welt bringen wirst oder auch Deine Hebamme um noch einmal die genaue Färbung des Fruchtwassers zu beschreiben, dann könnt ihr gemeinsam besprechen, wie Du nun weiter vorgehen solltest.
Generell tritt der Blasensprung meist rund 10 bis 18 Stunden nach den ersten Wehen von allein auf, sodass der Ablauf der natürlichen Geburt einsetzt. Sollte dies allerdings nicht der Fall sein, so obliegt es dem Geburts-Team eine Entscheidung über eine mögliche Einleitung zu treffen.

Für die meisten Frauen ist die Eröffnungsphase recht gut zu überstehen – vor allem dann, wenn Du einen ausgiebigen Spaziergang über das Klinikgelände machst, denn solange Du gehst, empfindest Du auch die Wehen als etwas weniger intensiv. Darüber hinaus kann die Bewegung auch bewirken, dass der gesamte Verlauf Deiner Geburt ein wenig beschleunigt wird.
Andere Frauen entscheiden sich dafür, diese Phase in einer warmen Badewanne zu verbringen oder auch sitzend auf einem Gymnastikball.
Sobald die Intensität der Wehen dann zunimmt, was auch darin begründet liegt, dass Dein Baby ohne die Polsterung des Fruchtwassers auf Deinen Muttermund drückt, ist es ratsam, dass Du die Atemtechniken anwendest, die Du während des Geburtsvorbereitungskurses gelernt hast und Dich gegebenenfalls auch massieren lässt. Beides kann Dir in dieser Situation eine Erleichterung schaffen.
Besonders zu empfehlen ist es auch, dass Du zur Bewältigung der Wehen immer mal wieder eine andere Körperhaltung einnimmst und Dich in verschiedene Positionen begibst.
Insgesamt ist die Eröffnungsphase die Phase, die bei der Geburt mit etwa zwölf bis rund vierzehn den längsten Zeitraum einnimmt. Wenn Du allerdings bereits ein Kind auf die Welt gebracht hast, kann sich die Eröffnungsphase auf bis zu sechs Stunden verkürzen. Nimmst Du während der Geburtsvorbereitung das Angebot Deiner Hebamme an, eine Akupunktur vornehmen zu lassen, so lässt sich die Eröffnungsphase auch bei Deinem ersten Kind um bis zu zwei Stunden verringern.

Von der Eröffnungsphase geht die Geburt dann in die **Übungsphase** über, welche zwar deutlich kürzer aber auch anstrengend ist. In der Regel dauert die Übungsphase etwa eine Stunde.

In dieser Zeit können die Wehen zum Teil recht unregelmäßig, dann allerdings in sehr kurzen Abständen aufeinander folgen, was bei manchen Frauen für starke Übelkeit bis hin zum Erbrechen führt.

Auftretende Aggressionen, Erschöpfung und Mutlosigkeit sind in dieser Phase keine Seltenheit, immerhin war die Eröffnungsphase nicht selten schon recht kräftezerrend. An diesem Punkt sind nun besonders die Geburtsbegleiter und Hebammen gefordert, Dir die nötige Unterstützung zu bieten, die Du in diesem Augenblick benötigst.

Versuche in dieser Phase am besten in den kurzen Ruhezeiten, die Du von einer bis zur nächsten Wehe hast, regelmäßig zu atmen und Deine Muskeln ganz gezielt zu entspannen, denn so wird es Dir wesentlich leichter fallen, auch diese anstrengende Phase erfolgreich zu meistern.

Sobald das Ende der Übungsphase erreicht ist, ist Dein Muttermund vollständig geöffnet und Dein Baby beginnt, seinen Kopf in die optimale Geburtsposition zu drehen.

Nach der Übungsphase steht dann die allerletzte Phase an – die **Austreibungsphase**. Dein Baby ist also bereits kurz davor, das Licht der Welt zu erblicken.

In der Austreibungsphasen nehmen die Kontraktionen noch einmal stark zu, dafür sind die Ruhepausen zwischen den einzelnen Wehen wieder etwas länger als während der Übungsphase.

Der Kopf Deines Babys bahnt sich nun den Weg durch Dein Becken, wodurch sich in Dir der Drang breit machen kann, mitzuschieben um den enormen Druck des Kopfes Deines Babys zu verringern.

Während dieser Phase solltest Du Dir die für Dich angenehmste Geburtsposition aussuchen – dabei wirken sich hockende und stehende Positionen positiv auf Deine Geburt aus. Dir obliegt nun die Entscheidung ob Du für die Geburt Deines Babys die Halbseitenlage auf dem Geburtsbett, die Hocke, in der Du durch Deine Hebamme oder Deinen Partner unterstützt wirst, das Sitzen auf einem Gebärhocker das Stehen am Gebärseil oder doch lieber den Vierfüßlerstand einnimmst. Letztlich kannst Du Dich in vielen Kliniken auch für eine Geburt in der Badewanne entscheiden – wähle hierbei die Methode für Dich aus, die Dir die größte Erleichterung verschafft.

Das Ende der Austreibungsphase wird dann von Presswehen begleitet, bei denen Du Dein Baby aus Deinem Körper herausschiebst. Die Zeitspanne dieser Phase hängt davon ab, ob es Dein erstes Baby ist oder Du bereits ein Kind zur Welt gebracht hast. Bei Deinem ersten Baby dauern die Presswehen rund eine Dreiviertelstunde an, ab Deinem zweiten Baby dauert es dann nur noch etwa eine halbe Stunde.

Wenn Du die Presswehen dann erst einmal überstanden hast und Du endlich Dein Baby zum ersten Mal sehen darfst, wird ihm erst einmal das Gesicht gereinigt, damit ihm erleichtert wird zu atmen und die Augen zu öffnen.

Nach der kurzen Gesichtsreinigung wird Dir Dein Baby dann auf den Bauch gelegt und wenn Du magst kannst Du oder auch Dein Partner die Nabelschnur Deines, Eures Babys durchtrennen. Abschließend folgt dann noch eine kurze **Phase der Nachgeburt**, bei der Dein Körper den Mutterkuchen, sprich die Plazenta, abstößt. Die geschieht in etwa der ersten halben Stunde nachdem Du Dein Baby auf die Welt gebracht hast – und mit der Nachgeburt endet dann auch die gesamte Geburt.

Finanzen

Wenn Du planst, ein Baby zu bekommen, ist die finanzielle Sicherheit ein wichtiger Aspekt, der mit diesem Kinderwunsch einhergeht. Denn ein Baby will versorgt sein – und zwar nicht nur in den ersten Monaten, sondern mindestens bis zu seinem 18ten Lebensjahr und wenn nicht sogar noch darüber hinaus. Deshalb solltest Du Dir bereits vor dem Eintreten einer Schwangerschaft überlegen, wie Du die mit einer Schwangerschaft und einem Kind in Verbindung stehenden Kosten decken kannst und unter Umständen auch, welche Anträge Du einreichen solltest um Deinem Kind eine sichere Zukunft bieten zu können.

Schwanger und noch berufstätig

Grundsätzlich gilt, dass während Deiner Schwangerschaft nicht alle Arbeiten erlaubt sind – insbesondere nicht solche, die Dir, Deiner eigenen Gesundheit oder das Deines Kindes in irgendeiner Art und Weise schaden können. Dein Arbeitgeber ist dazu verpflichtet, Deine Schwangerschaft nach dem Bekanntwerden, an die zuständige Aufsichtsbehörde zu melden, an die Du Dich ebenfalls wenden kannst, wenn Du der Meinung bist, dass sich Dein Arbeitgeber nicht an das geltende Mutterschutzgesetz hält.

» Nicht erlaubte Tätigkeiten

Zu den Tätigkeiten, die Du innerhalb Deiner Schwangerschaft unter keinen Umständen mehr ausüben darfst sind beispielsweise solche, bei denen Du Dämpfen, Erschütterungen, gesundheitsgefährdenden Stoffen, Hitze sowie Kälte, Lärm aber auch Nässe ausgesetzt bist. Außerdem gilt auch ein Beschäftigungsverbot in Berufen, bei denen Du Dich häufig Beugen sowie Strecken musst und das Heben von Lasten über fünf Kilogramm erforderlich ist.

Auch Tätigkeiten, bei denen Du ab dem fünften Monat Deiner Schwangerschaft mehr als vier Stunden instehender Position ausüben musst, darf während Deiner Schwangerschaft nicht mehr nachgegangen werden.

Ein generelles Beschäftigungsverbot in der Tätigkeit der Akkord- und Fließbandarbeit fällt an, wenn Du hier unter einem vorgegebenen Tempo arbeiten musst.

Tätigkeiten, bei deren Du Maschinen mit Deinem Fuß bedienen musst, die ein hohes Unfallrisiko bergen oder die mit dem Schälen von Holz zusammenhängen, sind fortan ebenfalls verboten.

Außerdem hat Dein Arbeitgeber Dir gegenüber einer Fürsorgepflicht, wodurch er Dir nicht nur genügend Erholungspausen gewähren muss, sondern Dich auch nicht nach 20 Uhr beschäftigen darf – was gleichermaßen für die Nacht- und

die Sonntagsarbeit gilt. Generell hat er Dich von Mehrarbeit an Sonn- sowie Feiertagen freizustellen.
Des Weiteren darfst Du innerhalb der Schwangerschaft ab dem dritten Monat nicht mehr der Tätigkeit in Beförderungsmitteln nachgehen. Das bedeutet, dass Du weder als Bahnführerin, Busfahrerin, Flugzeugpilotin noch als Taxifahrerin weiterarbeiten darfst.
Gleiches gilt allerdings auch für die Arbeit als Kontrolleurin, Schaffnerin und Stewardess.
Dein Arbeitgeber muss Dir allerdings anstelle dieser nicht mehr erlaubten Arbeiten eine Tätigkeit anbieten, die Du während Deiner Schwangerschaft ausüben darfst. Sofern er dies jedoch nicht leisten kann, muss er Dich freistellen – ohne jegliche Form des Verdienstausfalles.

» das individuelle Beschäftigungsverbot

Neben den grundsätzlichen Regelungen zur Arbeit innerhalb Deiner Schwangerschaft gibt es auch das individuelle Beschäftigungsverbot, welches Du insbesondere dann erwirken kannst, wenn Du an einem Arbeitsplatz tätig bist, welcher Dich laut Mutterschutz- Gesetz gesundheitlichen Risiken aussetzt.
Das individuelle Beschäftigungsverbot gilt insbesondere für Frauen, die eine Risikoschwangerschaft austragen sowie jenen, die einem Risiko der Frühgeburt unterliegen aber auch für Frauen, die eine sogenannte Muttermundschwäche besitzen.

Erwirken kannst Du das individuelle Beschäftigungsverbot durch ein ärztliches Attest, welches Dir von jedem niedergelassenen Arzt beziehungsweise jeder Ärztin ausgestellt werden kann. In diesem Attest muss jedoch eine genaue Erläuterung enthalten sein, aufgrund welcher Umstände Du fortan gar nicht mehr beziehungsweise nur noch für eine bestimmte Stundenzahl arbeiten solltest.
Dein Arbeitgeber hat allerdings das Recht dazu, das Dir ausgestellte ärztliche Attest noch einmal überprüfen zu lassen, wenn sich ihm Zweifel ergeben. Wenn er das Attest dann anerkennt, ist er dazu verpflichtet, Dir Dein Gehalt in der vollen Höhe weiterhin auszubezahlen – selbst, wenn Du von Deinem Arbeitgeber eine andere Tätigkeit angeboten bekommst, die Du auch während der Schwangerschaft ausüben kannst, darf dies nicht mit einer Gehaltskürzung einhergehen.

» die Krankschreibung ohne Beschäftigungsverbot

Solltest Du während Deiner Schwangerschaft beispielsweise an einer Grippe erkranken und dadurch bedingt Zuhause bleiben, so ist eine reguläre Krankschreibung vollkommen ausreichend und Dein Arbeitgeber wird Dir auch Dein Gehalt weiterhin ganz normal auszahlen.
Wenn Du allerdings krankheitsbedingt mehr als sechs Wochen ausfällst, ohne dass Du einem Beschäftigungsverbot unterstehst, so gilt bei Dir dieselbe Regelung wie bei allen

anderen Arbeitnehmern auch, denn dann tritt die Krankenkasse ein und bezahlt Dir lediglich noch ein Krankengeld, welches niedriger ist als Dein normales Gehalt.
Deshalb kann es für Dich sinnvoller sein, in einem solchen Fall zu versuchen, ein individuelles Beschäftigungsverbot bei Deinem Arzt beziehungsweise Deiner Ärztin zu erwirken, damit Dein Arbeitgeber Dir auch dann Dein Gehalt weiterhin in voller Höhe zahlen muss.

» Die Mutterschutzfristen

Im Gesetz sind gewisse Schutzfristen verankert, welche Dir über einen bestimmten Zeitraum vor sowie nach der Entbindung ein absolutes Beschäftigungs- verbot auferlegen. Bezeichnet werden diese gesetzlichen Regelungen auch als Mutterschutzfristen.
Sie beginnen sechs Wochen vor Deinem errechneten Geburtstermin und enden in der Regel acht Wochen nach der Geburt Deines Babys – eine Ausnahme stellen hier allerdings Früh- sowie Mehrlingsgeburten dar, denn sie obliegen dem Beschäftigungsverbot für zwölf Wochen nach der Geburt. Sollte Dein Baby mit einer Behinderung auf die Welt kommen, so obliegt Dir die Möglichkeit der Verlängerung der Schutzfrist auf zwölf Wochen. Wenn Dein Baby jedoch erst nach dem errechneten Geburtstermin das Licht der Welt erblickt, stehen Dir dennoch die vollen acht beziehungsweise zwölf Wochen der Mutterschutzfrist zu – eine Kürzung ist also keineswegs erlaubt.

Innerhalb der sechs Wochen vor der Geburt darfst Du grundsätzlich erst einmal nicht mehr beschäftigt werden – es sei denn, Du erklärst Dich ausdrücklich dazu bereit. Diese Einverständniserklärung kannst Du allerdings auch jederzeit wieder zurückziehen.

Nach der Geburt jedoch besteht ein absolutes Beschäftigungsverbot, welches Du auch nicht durch eine Einverständniserklärung umgehen kannst.

Während der Mutterschutzfristen wird Dir von Deiner Krankenkasse Mutterschaftsgeld ausbezahlt, welches von Deinem Arbeitgeber bezuschusst wird. Durch die Kombination aus dem Arbeitgeberzuschuss und dem Geld, welches durch die Krankenkasse ausbezahlt wird, liegt das Einkommen etwa in derselben Höhe wie das Einkommen, welches Du vor dem Eintritt in die Mutterschutzfristen verdient hast.

Sobald Du aus der Mutterschutzfrist wieder austrittst, hast Du die Möglichkeit wieder in Deinen bisherigen Beruf einzutreten. Allerdings tun dies nur die allerwenigsten Frauen, denn in den meisten Fällen findet ein nahtloser Übergang von der Mutterschutzfrist in die Elternzeit, die Dir übrigens auch als geringfügig Beschäftigte und Auszubildende zusteht, statt, die Du allerdings spätestens sechs Wochen bevor Deine Mutterschutzfrist überhaupt erst endet bei Deinem Arbeitgeber, unter Angabe der Dauer Deiner Elternzeit, beantragen musst.

Sobald das Ende Deiner Elternzeit erreicht ist, ist Dein Arbeitgeber dazu verpflichtet, Dir einen gleichwertigen Arbeitsplatz anzubieten, sodass Du nicht schlechter gestellt werden kannst als Du es vor Deiner Schwangerschaft gewesen bist – auch nicht hinsichtlich Deines Einkommens. Was Dir hierbei ebenfalls zugutekommt ist die Tatsache, dass Du sowohl während Deiner gesamten Schwangerschaft bis ans Ende Deiner Elternzeit einem Kündigungsschutz unterstehst, sodass Dein Arbeitgeber sogar dazu verpflichtet ist, Deinen bisherigen Arbeitsplatz freizuhalten oder alternativ einen anderen Arbeitsplatz, der gleichwertig ist.

Besonders praktisch sind heutzutage die vielen Arbeitszeit-Modelle, die sich anbieten. Vor allem, wenn Du aus der Elternzeit zurückkommst, kann es ein großer Wunsch sein, dass Du Deinen Beruf fortan in Teilzeit ausübst – hierbei kommt Dir zugute, dass Betriebe seit 2001 dazu verpflichtet sind, ihren Mitarbeitern auf eigenen Wunsch hin eine Teilzeitstelle anzubieten. Außerdem ist es in der heutigen Zeit auch nicht unüblich, dass ein Großteil der Arbeit auch Zuhause ausgeführt werden kann.
Grundsätzlich musst Du aber nicht während der gesamten Elternzeit erwerbsuntätig bleiben, sondern kannst auf Deinen eigenen Wunsch hin auch während Deiner Elternzeit einer Teilzeittätigkeit mit bis zu 30 Wochenstunden nachgehen. Bei diesem Wunsch empfiehlt es sich allerdings, dass Du bereits bei der Anmeldung Deiner Elternzeit das Gespräch mit Deinem Arbeitgeber suchst und ihm Deinen Wunsch nach Teilzeit erklärst – dennoch bist Du erst einmal verpflichtet, nach dem Ende Deiner Teilzeit wieder in den selben Arbeitszeiten zu arbeiten, wie Du es vor dem Eintritt in

den Mutterschutz getan hast. Wenn bei Dir dann dennoch der Wunsch bestehen bleibt, Deiner Tätigkeit weiterhin in Teilzeit nachzugehen, so ist eine Reduzierung Deiner Arbeitszeit aufgrund des geltenden Teilzeit- und Befristungsgesetz möglich.
Am besten bereitest Du Dich bereits vor Deinem Wiedereinstieg auf diesen vor, indem Du damit beginnst, ihn frühzeitig zu planen und auch mit Deinem Vorgesetzten bereits über die Pläne nach Deiner Wiederkehr zu sprechen. Das Gespräch bietet dabei nicht nur für Dich Vorteile, sondern gleichermaßen auch für Deinen Arbeitgeber, denn für ihn wird so die Personalplanung vereinfacht und Du weißt bereits, was Dich erwartet, wenn Du wieder zurückkommst.
Außerdem solltest Du auch während Deiner Elternzeit Wert darauflegen, den Kontakt zu Deinem Arbeitgeber aber auch vor allem zu Deinen Kolleginnen und Kollegen zu halten. Am besten schaust Du ab und an auch einmal auf Deiner Arbeit vorbei und nimmst an hausinternen Veranstaltungen sowie Fortbildungen teil.

Auch kannst Du Deinem Arbeitgeber zum Beispiel anbieten, dass sobald Du eine geeignete Betreuung für Dein Kind gefunden hast, Du gerne auch einmal die Krankheits- oder Urlaubsvertretung für Deine Kollegen und Kolleginnen übernehmen kannst, sofern diese 30 Stunden in der Woche nicht übersteigt.
Während Deiner Elternzeit kannst Du Dir auch einmal Gedanken dazu machen, welche Weiterbildungen Du wahrnehmen kannst, die nicht nur Deine aktuelle Qualifikation beibehalten, sondern die diese möglicherweise sogar noch ausbauen.

Und vor allem... Mache Dir Gedanken darüber, ob Du nach Deinem Wiedereinstieg in Vollzeit arbeiten möchtest oder ob Du lieber einer Teilzeitbeschäftigung nachkommen möchtest. Nach Rücksprache mit Deinem Arbeitgeber bieten sich möglicherweise auch flexiblere Arbeitszeiten oder sogar Tage an, an denen Du im Home-Office arbeiten kannst. Dein Arbeitgeber wird Dir sicherlich familienfreundliche Vorschläge unterbreiten können.

Und an diese Planungen Deines beruflichen Wiedereinstieges solltest Du dann direkt die Organisation desselben anschließen.
Setze Dich doch dafür einmal mit Deinem Partner beziehungsweise Deiner Partnerin an einen Tisch und überlege mit ihm beziehungsweise ihr gemeinsam, wie die Arbeitsteilung am besten funktionieren kann, wenn Du erst einmal wieder in Deine alte berufliche Tätigkeit wiedereingestiegen bist.
Beginne dann auch unbedingt mit der Suche nach einer geeigneten Kindertagesstätte beziehungsweise einer Tagespflegestelle, wo Du Dein Kind unterbringen kannst solange Du auf der Arbeit bist. Bedenke dabei auch, dass Dein Kind eine gewisse Eingewöhnungszeit braucht um sich dort zurechtzufinden – diese kann sich gut und gerne auch einmal über mehrere Wochen hinziehen. Außerdem solltest Du auch Notfallpläne entwickeln, wie die Betreuung Deines Kindes zu regeln ist, wenn die Kindertagesstätte einmal geschlossen ist oder die Tagesmutter ausfällt.
Unter Umständen bietet es sich auch an, dass Du Dir Hilfe von außen suchst, die Dich hinsichtlich des Haushaltes oder auch der Kinderbetreuung unterstützen kann. Sei es durch eine Putzhilfe, eine Haushaltshilfe, die Dich bei Einkäufen oder dem Abholen sowie

Bringen Deines Kindes unterstützt. Überlege, ob Dein finanzieller Rahmen es Dir erlaubt, eine bezahlte Hilfe in Anspruch zu nehmen oder ob Du vielleicht lieber in Deiner Familie oder in Deinem Freundeskreis einmal nach Hilfe fragst – sicherlich werden Dich einige von ihnen gerne unterstützen. Außerdem kannst Du auch mit anderen Eltern eine Art Netzwerk gründen, in dem Ihr Euch alle gegenseitig helft und unterstützt.

Generell gilt es jedoch einige Dinge zu beachten, wenn Dein Wiedereinstieg bevor steht.

Unter Umständen kann es passieren, dass Deine Erwartungen an deine berufliche Tätigkeit nicht mit denen Deines Arbeitgebers übereinstimmen, dies kann nicht nur die Arbeitszeit nach Deinem Wiedereinstieg betreffen, sondern auch das generelle Aufgabenprofil einer Teilzeitkraft. Deshalb ist es umso wichtiger, dass Du Dich zu einem Gespräch mit Deinem Arbeitgeber zusammenfindest, in dem Ihr gemeinsam Deinen Wiedereinstieg plant und auch Kompromisse in Belangen trefft, in denen Ihr nicht derselben Ansicht seid. Die sich aus dem Gespräch ergebenden Ergebnisse solltet Ihr dabei in jedem Fall schriftlich festhalten.

Außerdem kann es auch passieren, dass Du Dich nach Deiner Rückkehr in Deinen alten Beruf nicht mehr erwünscht fühlst oder in einer Stelle eingesetzt wirst, die für Dich vollkommen uninteressant ist, da sie nicht Deinen Qualifikationen entspricht – so geht es nicht nur Dir sondern vielen Frauen, vor allem dann, wenn der Wunsch nach Teilzeit bestand.

Sollte Dich diese Situation tatsächlich betreffen, so ist es wichtig, dass Du zunächst einmal das Gespräch mit Deinem Arbeitgeber suchst. Wenn Du in einem größeren Betrieb arbeitest, kann Dein erster Gang auch zum Betriebsrat oder der Frauenbeauftragten sein. Wenn dies Dich nicht weiterbringen sollte, so kannst Du Dich immer noch an die Antidiskriminierungsstelle des Bundes wenden.

Was Du zudem nicht außer Acht lassen solltest in die Neuverteilung im häuslichen Rahmen, was sowohl die Hausarbeit als auch die Kinderbetreuung Deines Kindes betrifft. Wenn Du die anfallenden Aufgaben mit Deinem Partner nicht neu verteilst, kann es passieren, dass Du Dich aufgrund der neuen Umstände durch Deinen Wiedereinstieg in den Berufsalltag vollkommen überlastet fühlst. Und das wirkt sich nicht selten auch auf Deinen Beruf aus, denn durch die Überlastung Zuhause bist Du nicht dazu in der Lage, eine höhere Stundenzahl zu übernehmen, was dazu führt, dass Du auf der Stelle trittst und sich die Gesamtsituation negativ auf Deine weitere berufliche Entwicklung auswirkt.

Junge Familien und Finanzplanung

Eine Schwangerschaft verändert Dein Leben grundliegend – und das mit jedem einzelnen Kind, welches Dein Leben bereichern wird. Doch nicht nur die Aufregung und die Vorfreude treten mit einer Schwangerschaft in Dein Leben, sondern auch einige finanzielle Fragen. An dieser Stelle kannst Du förmlich von Glück sprechen, wenn Du nicht alleinerziehend bist, denn so musst Du Dich nicht allein mit diesem Thema auseinandersetzen, sondern hast jemanden, mit dem Du gemeinsam die Finanzplanung sprechen kannst. Und damit sind nicht nur die Finanzen an sich, sondern auch die anfallenden Anschaffungen verbunden.

In erster Linie solltest Du mit Deinem Partner beziehungsweise Deiner Partnerin darüber sprechen, wer arbeiten geht und vor allem in welchem Rahmen. Außerdem können auch die Anschaffung eines größeren Autos, ein Umzug in eine größere Wohnung sowie andere, gegebenenfalls auch größere, Investitionen wichtig werden. Überlegt euch also, an welcher Stelle ihr möglicherweise Geld einsparen könntet, was ihr an einer anderen Stelle vielleicht dringender benötigt.

Wenn Du allerdings alleine bist, dann stellen diese Dinge für Dich eine größere Herausforderung dar, denn Du musst nicht nur für ein geregeltes Einkommen sorgen, sondern bist darüber hinaus auch noch alleine für die Erziehung Deines Kindes und den Haushalt verantwortlich.

Damit Du Dich also vollkommen frei von jeglichen Sorgen auf Dein Baby freuen kannst, sollten vorher die Finanzen vernünftig durchgeplant sein damit Du nicht nach der Geburt plötzlich vor Geldschwierigkeiten stehst.

» Die finanzielle Verantwortung

Sei Dir darüber im Klaren, dass ein Kind auch eine große finanzielle Verantwortung bedeutet.

Am besten ist es natürlich, wenn Du bereits vor dem Eintreten Deiner Schwangerschaft so weit im Griff hast, dass Deine Einnahmen höher sind als Deine Ausgaben, damit Du die

Möglichkeit hast, ein finanzielles Polster anzusparen. Ein solches finanzielles Polster sollte im besten Fall mindestens drei Nettomonatsgehälter umfassen. Folgst Du den Empfehlungen von Experten so wird Dir sogar angeraten, ein finanzielles Polster anzulegen, welches Dich ein halbes Jahr lang versorgen könnte ohne ein jegliches Einkommen. In dieser Zeit hättest Du dann die Möglichkeit, Dich nach einem neuen Arbeitsplatz umzusehen, Dich umzuorientieren oder eine Krankheit auszukurieren.

Allerdings weicht die Praxis von dieser Theorie in den meisten Fällen doch erheblich ab, da viele Deutsche schlichtweg über ihren eigenen Verhältnissen leben. Dies hat zur Folge, dass das eigene Einkommen nicht einmal für den eigenen Lebensunterhalt ausreicht – nicht selten bedingt durch ein zu teures Auto, eine zu hohe Kredittilgung des Eigenheims, Markenkleidung, Marken-lebensmittel, teure Restaurantbesuche sowie andere Luxusgüter. Über einen gewissen Zeitraum mag diese Art zu leben vielleicht auch gut gehen – zumindest solange, wie Du lediglich Dich selbst zu versorgen hast – doch wenn erst einmal ein Kind in Dein Leben tritt, tritt zeitgleich auch eine deutlich höhere finanzielle Verantwortung in Dein Leben.

Mache Dir selbst einmal bewusst, was für eine finanzielle Verantwortung ein Kind wirklich bedeutet. Ein Kind hast Du nicht nur wenige Monate, sondern Du musst die Kosten eines Kindes mindestens für die nächsten 18 Jahre tragen. Und realistisch gesehen kostet ein Kind bis zu seinem 18ten Geburtstag durchschnittlich rund 130.000 Euro – bis zum 12ten

Lebensjahr zwischen rund 6.000 und 7.000 Euro, ab dem 12ten Lebensjahr dann sogar 8.500 Euro jährlich. Angefangen bei der Erstausstattung, die Du Deinem Baby kaufen musst, über Schulausflüge und Taschengeld bis hin zu einem eigenen Smartphone und noch vielen weiteren Dingen. Doch hierzu können dann auch noch die Kosten bis zu einem abgeschlossenen Studium kommen, was noch einmal zusätzlich um die 100.000 Euro sind.

Deshalb ist es wichtig, dass Du zunächst einmal abschätzt, wie hoch Dein Finanzbedarf tatsächlich mit einem Kind sein wird – eingeschlossen aller Ausgaben für Dein Kind als auch jener für Deine Mietzahlungen, sämtliche Versicherungen, Lebensmittel und andere anfallende Kosten.

» Das Haushaltsbuch

Um Dir einen Überblick über sämtliche finanzielle Belastungen zu verschaffen ist es ratsam, dass Du Dir ein Haushaltsbuch anlegst, in dem Du alle Ausgaben Deinen Einnahmen gegenüberstellst.
Kalkuliere bei Deinen ersten Überlegungen ein, wie viel Du und beziehungsweise oder Dein Partner verdienen werdet sobald Dein Kind erst einmal auf der Welt ist, welche Einnahmen Du aufgrund des Kinder- oder Elterngeldes zusätzlich erwarten kannst sowie ob Deine Einnahmen kostendeckend sind.

Am besten ist es natürlich, wenn sich zwischen Deinen Einnahmen und Ausgaben ein Puffer ergibt, der es Dir ermöglicht, ein wenig Geld zurückzulegen, welches Du für schlechte Zeiten oder für Dinge wie einen Familienurlaub aufwenden kannst.

Oftmals ist es jedoch so, dass die Einnahmen gerade so kostendeckend sind, wenn nicht sogar die Ausgaben die Einnahmen übersteigen und Du jeden Monat mit einem Minus herausgehst.

Mit einem Haushaltsbuch ist es Dir allerdings möglich Deine Finanzplanung verlässlich aufzustellen und einen konkreten Überblick sowohl über Deine Ausgaben als auch über Deine Einnahmen zu behalten. So kannst Du Dir ganz konkrete Ziele setzen, was Du monatlich gerne ansparen möchtest und vor allem auch nach Posten suchen, bei denen Du die Möglichkeit hast, ein wenig Geld einzusparen. Außerdem kann Dir ein solches Haushaltsbuch sogar als Grundlage für eine Kreditanfrage dienen – umso wichtiger ist es also, dass Du unter dem Strich schwarze Zahlen schreibst.

Denn nicht selten nehmen sich Eltern das erste Kind zum Anlass, endlich in ein Eigenheim zu investieren, was ein Haushaltsbuch erst recht empfehlenswert macht – zumindest solange bis Du die ersten Monate nach der Geburt hinter Dir hast und Du Dich finanziell auf der sicheren Seite fühlst.

» Dein finanzielles Polster ist wichtig

Die Gewissheit, dass Du finanziell auf der sicheren Seite stehst, ist enorm wichtig – vor allem die zusätzliche Gewissheit über ein angespartes finanzielles Polster, denn letztlich laufen nur wenige Dinge im Leben tatsächlich so, wie man sie vorher auch geplant hatte.

So kann unvorhergesehen der Verlust Deines Arbeitsplatzes in Dein Leben treten, Du kannst vielleicht erkranken oder vollkommen gegen jegliche Erwartungen plötzlich Zwillinge bekommen.

Umso wichtiger ist es, dass Du Dir über genau diese möglichen Umstände im Klaren bist, um in solchen Situationen einen kühlen Kopf bewahren zu können. Wenn Du Dir erst einmal ein finanzielles Polster angespart hast, so kannst Du Deine Nerven zumindest ein wenig beruhigen und musst Dir nicht andauernd Gedanken machen, wie Du beispielsweise plötzlich anfallende Reparaturen oder eine Steuernachzahlung zahlen, eine Kündigung und somit eine Arbeitslosigkeit oder eine gescheiterte Beziehung überstehen kannst.

Ein finanzielles Polster kann Dir also die Luft verschaffen, die Du im ersten Augenblick benötigst und kannst trotz dieser finanziellen Situation das Leben mit Deinem Baby in vollen Zügen genießen – schließlich machst Du Dich durch das angesparte Geld finanziell ein wenig unabhängiger – sowohl von Deinem Arbeitgeber als auch von Deinem Partner sowie dem Staat.

» Sparen

Sparen ist immer ratsam – am besten funktioniert dies mit dem Haushaltsbuch, welches zumindest schon einmal den ersten Schritt in die richtige Richtung bedeutet – nämlich in die stabilen Finanzen für Dich und Deine kleine Familie. Wichtig ist allerdings, dass Du dieses Haushaltsbuch nicht lediglich führst, sondern aus den darin festgehaltenen Aspekten auch Deine Konsequenzen ziehst.

In erster Linie gilt es zunächst einmal zu überprüfen, wie es um Deine finanzielle Gesamtlage am Ende des Monats steht – wobei es Dich sicherlich überraschen wird, wie hoch Deine monatlichen Ausgaben sind. Vermeintliche Kleinbeträge können dort bereits eine beträchtliche Gesamtsumme ausmachen, umso wichtiger ist es, dass Du selbst die kleinen Beträge in Deinem Haushaltsbuch festhältst.

Sieh Dir dann am Ende des Monats einmal die einzelnen Positionen Deines Haushaltsbuches an und überlege Dir, an welchen Positionen Du die Möglichkeit hast, Geld einzusparen. In den meisten Fällen findet sich das Einsparungspotenzial vor allem in den alltäglichen Ausgaben, die sich beispielsweise aus einem Coffee to go am Morgen und Snacks ergeben.

Alleine den Coffee to go könntest Du Dir einsparen, indem Du Dir bereits Zuhause einen Kaffee zubereitest und diesen in einem Thermobecher einfach mitnimmst.

Doch nicht nur bei solchen Positionen kannst Du Geld einsparen – schau zum Beispiel auch einmal auf Deine Energiekosten, vielleicht bietet sich hier ein Anbieterwechsel oder eine energiesparendere Lebensweise an – so ist es Dir möglich relativ schnell bereits jährlich dreistellige Beträge einzusparen. Wenn Du Dich für ein Eigenheim entscheidest, so empfiehlt es sich, dass Du einmalig in eine moderne Energiespartechnik investierst um daraus dann zu profitieren.

Anschließend solltest Du auch einmal einen Blick auf Deine Versicherungsverträge werfen – kontrolliere dabei jedoch nicht nur die Beiträge, die Du zahlst, sondern überprüfe auch, ob Du wirklich ausreichend versichert bist und welche Policen Du unter Umständen auch einfach kündigen kannst falls Dir dann ein Wechsel in einen günstigeren Tarif möglich wäre. Kündige auch Versicherungen, die Du wirklich nicht brauchst oder Wechsel die Policen, sodass Du auch hier mehrere hundert Euro jährlich sparen kannst.

Sobald Du Dein Haushaltsbuch dann erst einmal auf diese Art und Weise durchgearbeitet hast, solltest Du noch einmal eine Überprüfung vornehmen, ob eine mögliche Finanzlücke nun gedeckt ist und vor allem, ob es Dir möglich ist, Geld beiseite zu legen, welches Du ansparen kannst.

Sollte sich eine Möglichkeit des Sparens ergeben, so legst Du am besten einen Dauerauftrag an, der den festgelegten Sparbetrag unmittelbar nach Deinem Gehaltseingang auf ein Tagesgeldkonto überweist. Auf diesem Weg zwingst Du Dich prinzipiell selbst dazu, Geld anzusparen.

Ergibt sich jedoch noch immer eine finanzielle Lücke, so ist es wichtig, dass Du auch weiterhin Ausgaben reduzierst – und

zwar solange, bis Deine Einnahmen kostendeckend sind. Gelingt Dir dies nicht alleine, so kann es empfehlenswert sein, dir rechtzeitig eine professionelle Hilfe zu suchen um nicht in eine Schuldenfalle hineinzurutschen.
Dein Haushaltsbuch kann Dir auch bei der Entscheidung helfen, ob Du es Dir tatsächlich leisten kannst, ein größeres Auto, ein Eigenheim oder auch größere andere Investitionen zu kaufen. Falls es Dir möglich sein sollte, so ist es wichtig, dass Du einen gegebenenfalls anfallenden Kreditbedarf zusammen mit einem Tilgungsplan errechnest um dann auf dieser Grundlage an Deine Bank heranzutreten.

Finanzielle Hilfe

Während Deiner Schwangerschaft und sobald Dein Baby das Licht der Welt erblickt hat, musst Du nicht alleine mit den ganzen Kosten dastehen. Es gibt viele finanzielle Unterstützungen, die Du entweder bereits vor dem gesetzlichen Hintergrund bekommst oder solche, die Du als Hilfe beantragen kannst, falls Deine Einnahmen nicht ausreichen um für Deine kleine Familie Sorge zu tragen.

» Unterstützungen während Deiner Schwangerschaft

Du kannst bereits während Deiner Schwangerschaft finanzielle Unterstützung in Anspruch nehmen, falls Dein eigenes Geld knapp wird. Über die unterschiedlichen Leistungen kannst Du Dich bei der Schwangerschaftsberatungsstelle erkundigen, wo Dir ein Mitarbeiter beziehungsweise eine Mitarbeiterin auch Auskunft darüber geben kann, welche Einkommensgrenzen jeweils gelten und der Dich auch bei der Antragsstellung unterstützen kann. Unter Umständen kann er beziehungsweise sie Dich auch an den richtigen Ansprechpartner weitervermitteln.

» Geld von der Kirche

Solltest Du Dich in einer besonderen Notlage befinden, so kann Dich unter Umständen die katholische Beratungsstelle aus kirchlichen Fonds finanziell unterstützen. Liegt ein Schwangerschaftskonflikt vor, so kann Dir die Beratungsstelle darüber hinaus noch innerhalb der ersten zwölf Wochen Deiner Schwangerschaft besondere Möglichkeiten anbieten.

» Geld vom Staat

Wenn Du erwerbslos bist oder Du lediglich ein niedriges Einkommen besitzt, so hast Du die Möglichkeit Arbeitslosengeld II, also Hartz IV, oder Sozialhilfe zu beantragen.
Dabei kann das Jobcenter beziehungsweise das Sozialamt nach der zwölften Woche Deiner Schwangerschaft finanziell für den Mehrbedarf während Der Schwangerschaft sowie die Erstausstattung Deines Babys aufkommen.
Dabei solltest Du nur darauf achten, dass Du zuerst einen Antrag stellst bevor Du losgehst um Dich mit der Umstandsmode sowie den ersten Babysachen auszustatten. Bewahre in jedem Fall die Quittungen auf, damit Du diese dann an das Jobcenter beziehungsweise Sozialamt weitergeben kannst.

» Geld von Stiftungen

Sollten die Sozialleistungen, die Du vom Staat erhältst, nicht ausreichen, so kannst Du zusätzlich Hilfe von Stiftungen beantragen.
Die sogenannte Bundesstiftung für Mutter und Kind kann Dir dabei ergänzende Hilfen auszahlen. Erfüllst Du bestimmte Voraussetzungen, so übernehmen sie unter Umständen auch die Kosten für die Erstausstattung Deines Babys.
Um zu erfahren, wie Deine Chancen bei der Antragsstellung stehen, kannst Du die Schwangerschaftsberatungsstellen der Caritas oder des SkF aufsuchen, denn sie kennen nicht nur die Kriterien, sondern können Dir auch eine Empfehlung aussprechen, ob sich die Antragsstellung für Dich überhaupt lohnt. Neben der Bundesstiftung für Mutter und Kind gibt es auch noch Länderstiftungen. Bei ihnen sind die Einkommensgrenzen sowie die Leistungen jedoch nicht einheitlich geregelt, wobei es hier unterschiedliche Ansprechpartner gibt, die Dir diesbezüglich weiterhelfen. Um mehr zu dieser Antragsstellung zu erfahren, solltest Du die Berater beziehungsweise die Beraterinnen der Caritas kontaktieren.

» Unterstützungen während des Mutterschutzes

Der Mutterschutz gilt für Dich ab der sechsten Woche vor dem errechneten Geburtstermin bis zur achten gegebenenfalls auch bis zur zwölften Woche nach der Geburt Deines Babys. Da Du während der letzten sechs Wochen nur noch auf Deinen eigenen Wunsch hin berufstätig sein darfst, würde Dir prinzipiell eine finanzielle Einbuße entstehen.

» Mutterschutzlohn

Solltest Du aufgrund eines generellen oder individuellen Beschäftigungs-verbotes weniger oder nicht mehr erwerbstätig sein, so würden Dir also finanzielle Einbußen entstehen. Diese werden allerdings durch Deinen Arbeitgeber gedeckt, da dieser dazu verpflichtet ist, Dir solange den Mutterschutzlohn, in Höhe des durchschnittlichen Lohns der letzten drei Monate, zu bezahlen bis Deine Krankenkasse beginnt, Dir Mutterschafts-geld zu zahlen.

» Mutterschaftsgeld

Um die finanzielle Einbuße zu vermeiden, die aus dem Eintritt in den Mutterschutz resultieren, zahlt Dir Deine Krankenkasse das sogenannte Mutterschaftsgeld, welches von Deinem Arbeitgeber bezuschusst wird. Auf diese Weise soll gesichert werden, dass Dein Einkommen genauso hoch ist wie vor dem Eintritt in den Mutterschutz.
Das Mutterschaftsgeld wird Dir jedoch nicht automatisch gezahlt, sondern muss von Dir, zusammen mit einer ärztlichen Bescheinigung über den errechneten Geburtstermin, bei Deiner Krankenkasse beantragt werden. Wie hoch das Mutterschaftsgeld allerdings ausfällt ist vor allem von der Art Deiner Versicherung abhängig.

» Gesetzlich Versicherte

Als gesetzlich Versicherte erhältst Du von Deiner Krankenkasse einen Tagessatz von bis zu 13 Euro. Dieser Betrag wird durch Deinen Arbeitgeber aufgestockt bis Dein durchschnittliches Nettoeinkommen der letzten drei Monate erreicht wird.

» Privat Versicherte

Wenn Du privat versichert bist, so wird Dein Einkommen niedriger ausfallen, als Dein bisheriger Nettoverdienst. Entgegen den gesetzlich versicherten Frauen erhältst Du keinen Tagessatz von Deiner Krankenkasse ausgezahlt, sondern erhältst stattdessen einen Einmalbetrag vom sogenannten Bundesversicherungsamt ausbezahlt. Dein Arbeitgeber berechnet seinen Zuschuss allerdings so, als wenn Du gesetzlich versichert wärst.

» Selbstständige

Als Selbstständige erhältst Du dann Mutterschaftsgeld ausbezahlt, wenn Du gesetzlich krankenversichert bist und Dir ein Anspruch auf Krankengeld entsteht. Sollte dies der Fall sein, so zahlt Dir Deine Krankenkasse ein Mutterschaftsgeld in der Höhe Deines Krankengeldes aus.

» Hausfrauen

Solltest Du gesetzlich über Deinen Partner mitversichert sein, so hast Du keinerlei Anspruch auf Mutterschaftsgeld.

» Unterstützungen während der Elternzeit

Wenn Du als Arbeitnehmerin gerne die Betreuung Deines Kindes selbst wahrnehmen möchtest, so hast Du den Anspruch darauf, Dir drei Jahre Elternzeit zu nehmen und während dieser Zeit das Elterngeld beziehungsweise Elterngeld Plus zu beantragen.
Die Beantragung des Elterngeldes beziehungsweise Elterngeld Plus ist an bestimmt Voraussetzungen geknüpft, die erfüllt sein müssen. Zum einen musst Du die Betreuung und Erziehung Deines Kindes selbst übernehmen, zum anderen musst Du aber auch mit Deinem Kind in einem gemeinsamen Haushalt leben, des Weiteren gilt, dass Du entweder gar nicht oder nur beschränkt bis zu 30 Stunden in der Woche arbeiten darfst und in Deutschland wohnhaft sein musst.
Das Elterngeld kannst Du auch dann beantragen, wenn Du vor der Geburt Deines Kindes nicht erwerbstätig gewesen bist und somit kein geregeltes Einkommen besessen hast. Dabei soll das Elterngeld einen Ausgleich schaffen, falls Du während Deiner Elternzeit ein geringeres Einkommen oder gar überhaupt kein Einkommen mehr besitzt.

» Basiselterngeld

Insgesamt entsteht Dir und Deinem Partner gemeinsam ein Gesamtanspruch auf 14 Monate Elterngeld. Die Zeit kann dabei frei untereinander aufgeteilt werden,
allerdings kann ein einzelner Elternteil minimal zwei Monate und maximal zwölf Monate für sich beanspruchen.

» Elterngeld Plus

Wenn Du Dich mit Deinem Partner für das sogenannte Elterngeld Plus entscheidest, so steht Euch der Anspruch auf Elterngeld doppelt so lange zu wie beim Basiselterngeld. Das bedeutet ein Monat Basiselterngeld entspricht zwei Monaten Elterngeld Plus. Jedoch entspricht die Höhe des Elterngeld Plus dementsprechend auch nur die Hälfte des Basiselterngeldes - sofern Du und Dein Partner keiner Teilzeitbeschäftigung nachgeht. Wenn Ihr allerdings 30 Stunden pro Woche arbeitet, so kann es auch sein, dass das Elterngeld Plus somit zusammen mit Eurem Einkommen der Höhe des Basiselterngeldes entspricht.

» Partnerschaftsbonus

Wenn Du Dich zusammen mit Deinem Partner dazu entschließt, dass Ihr zeitgleich zwischen 25 und 30 Stunden in der Woche arbeiten geht, so entsteht Euch ein Anspruch auf den sogenannten Partnerschaftsbonus, was bedeutet, dass ihr vier zusätzliche Elterngeld Plus-Monate erhaltet.

Gleiches gilt zudem sowohl für den Fall, dass Du von dem Vater Deines Kindes getrennt bist, Ihr jedoch das gemeinsame Sorgerecht besitzt und Ihr beide in Teilzeit arbeitet als auch für den Fall, dass Du alleinerziehend bist. Als Alleinerziehende erhältst Du allerdings den gesamten Partnerschaftsbonus für Dich.

» Landeserziehungsgeld

Das Landeserziehungsgeld erhältst Du zusätzlich zum Elterngeld in Bayern, Sachsen sowie Thüringen. Da allerdings in allen drei Ländern die Fristen, Modalitäten sowie die Termine der Antragstellung unterschiedlich sind, solltest Du Dich, falls Du in einem der drei Bundesländer lebst, rechtzeitig erkundigen, wann Du den Antrag auf Landeserziehungsgeld stellen musst.

» Kindergeld

Kindergeld kannst Du bis zum 18ten Lebensjahr Deines Kindes beziehen – im Falle, dass sich Dein Kind in der Ausbildung befindet, ist es auch möglich, das Kindergeld bis zum 25ten Lebensjahr zu beziehen. Sollte Dein Kind hingegen arbeitslos sein, so beziehst Du bis zum 21ten Lebensjahr Kindergeld.
Den Antrag dafür stellst Du bei Deiner zuständigen Familienkasse, die bei der Agentur für Arbeit ansässig ist.
Seit August 2019 erhältst Du für Dein erstes sowie Dein zweites Kind jeweils 204 Euro monatlich, für Dein drittes Kind

sind es 210 Euro und ab Deinem vierten Kind 235 Euro im Monat.

» Kinderzuschlag

Der Kinderzuschlag ist als Unterstützung für Familien mit einem geringen Einkommen vorgesehen. Er wirkt wie ein Zuschlag zum Kindergeld und kann beantragt werden, wenn Dein Verdienst zusammen mit dem Deines Partners zwar ausreicht, um Euch zwei zu versorgen jedoch nicht, um auch noch ein Kind mitzuversorgen. Die Höhe des monatlichen Kinderzuschlages beträgt dabei bis zu 185 Euro monatlich und wird für jedes Kind noch einmal gesondert berechnet.
Bewilligt wird der Kinderzuschlag immer nur für sechs Monate, sofern sich während dieser Zeit etwas an Deinem Einkommen oder dem Deines Partners verändern sollte oder aber die Wohnkosten anders ausfallen als bisher, so hat dies während der sechs Monate keinerlei Auswirkungen auf den gezahlten Kinderzuschlag.
Den Antrag für den Kinderzuschlag stellst Du bei der Familienkasse der zuständigen Bundesagentur für Arbeit.

» Kinderbetreuungskosten

In bestimmten Fällen können vom Jugendamt über die sogenannte „wirtschaftliche Jugendhilfe“ die Kosten zum Teil oder gar vollständig für die Kindertagesstätte oder die Tagesmutter Deines Kindes übernommen werden.

Manche Krippen und Kindertagesstätte staffeln ihre Beiträge auch nach den sozialen Gegebenheiten.

» Alleinerziehende

Gerade, wenn Du Dein Kind alleine großziehen musst, kann es schnell passieren, dass Du in eine finanzielle Schieflage gerätst. Dieser Moment erfordert von Dir, dass Du Dir Hilfe und Rat suchst – zum einen bei Deiner Familie, Deinen Freunden und gegebenenfalls auch Nachbarn, zum anderen jedoch auch bei Expertinnen wie zum Beispiel bei einer Caritas- oder Familienberatungsstelle oder auch bei einer speziellen Schwangerschaftsberatungsstelle.
Hier kannst Du einen Überblick über die unterschiedlichen finanziellen Hilfen erhalten, die Dir in einem solchen Fall zustehen können wie beispielsweise ein Unterhaltsvorschuss.

» Arbeitslosengeld II + Sozialgeld

Wenn Dein Verdienst nicht ausreicht um Deine Lebensunterhaltskosten zu decken oder Du gar erwerbsuntätig bist, so besteht ein Anspruch auf das Arbeitslosengeld II, auch bekannt als Hartz IV, für Dein Kind erhältst Du darüber hinaus sogenanntes Sozialgeld. Sowohl den Antrag auf Arbeitslosengeld II als auch den für Sozialgeld stellst Du bei Deinem zuständigen Jobcenter.

» Bildungs- und Teilhabepaket

Dein Kind hat ein Anrecht darauf, bei Tagesausflügen und auch dem Mittagsangebot der Kindertagesstätte sowie der Schule teilhaben und auch Hobbys wie Musik, Sport und Spiel in Gruppen oder Vereinen ausüben zu dürfen.
Wenn Du bereits Arbeitslosengeld II oder Sozialgeld, Sozialhilfe, den Kinderzuschlag oder auch Wohngeld erhältst, so steht Dir für Dein Kind der Anspruch auf ein Bildungs- und Teilhabepaket zu.
In dessen Umfang sind finanzielle Leistungen für den persönlichen Schulbedarf in Höhe von 150 Euro pro Schuljahr, für soziale und kulturelle Aktivitäten in Höhe von 15 Euro monatlich sowie die Kostenerstattung von Ausflügen mit der Kindertagesstätte und der Schule, ein kostenloses Bahn- sowie Busticket, ein kostenloses Mittagsessen aber auch die kostenlose Lernförderung selbst ohne die Gefährdung einer Versetzung enthalten.
Grundsätzlich kannst Du den Antrag bei Deiner Gemeinde, Kommune, Deinem Landkreis oder der Stadtverwaltung stellen. Beziehst Du bereits Arbeitslosengeld II oder Sozialgeld, so kannst Du Dich mit Deinem Antrag auch mit dem zuständigen, örtlichen Jobcenter in Verbindung setzen.

» Jugendliche Schwangere

Wenn Du noch keine 25 Jahre alt bist, noch Zuhause wohnst und zudem kein eigenes Einkommen besitzt giltst Du als jugendliche Schwangere. In diesem Fall hast Du einen Anspruch auf das Arbeitslosengeld II, wo das Einkommen Deiner Eltern keine Berücksichtigung findet.

» Wohngeld

Als Unterstützung für Deine Mietkosten oder für eine selbst genutzte Eigentumswohnung kannst Du einen Zuschuss bei Deinem örtlichen Wohngeldamt beantragen.

Sonstige allgemeine Leistungen

» Entbindung

Du hast das Recht, Dein Baby ambulant oder auch stationär zu entbinden. Die Kosten für Deinen Krankenhaus-aufenthalt werden von Deiner Krankenkasse übernommen, genauso wie auch die Kosten für die Pflege sowie die Verpflegung von Dir und Deinem Baby.

» Haushaltshilfe

Wenn Du allein lebst und es Dir aufgrund Deiner Schwangerschaft oder Deiner Entbindung nicht möglich ist, den Haushalt zu führen, Du darüber hinaus jedoch auch niemanden hast, der Dich dabei unterstützen kann, so besteht die Möglichkeit, dass Du eine Haushaltshilfe beantragst.

» Hebamme

Grundsätzlich hast Du den Anspruch sowohl auf eine Hebamme als auch auf einen Geburtsvorbereitungskurs und eine Wochenbettbetreuung. Die Kosten hierfür übernimmt Deine Krankenkasse – genauere Informationen kannst Du Dir aber auch bei Deinem Gynäkologen beziehungsweise Deiner Gynäkologin einholen.

» Versorgung

Du hast einen Anspruch auf die Versorgung mit unterschiedlichen Mitteln – vorrangig Arznei-, Heil-, Hilfs- sowie Verbandsmittel.

10 Tipps, mit denen Du *in der Schwangerschaft* ganz sicher Geld sparen kannst

Gerade innerhalb der Schwangerschaft ist es wichtig, dass Du Dir ein finanzielles Polster anlegst um Dich und die Zukunft Deines Babys abzusichern. Gerade dann empfiehlt es sich, dass Du einige Tipps umsetzt, die es Dir erleichtern werden, an der ein oder anderen Stelle ganz bewusst Geld einzusparen.

» Kaufe Dinge, die Du benötigst, gebraucht oder leihe sie Dir aus.

Gerade, wenn Du Dir gerne Umstandskleidung oder dass ein oder andere Kleidungsstück kaufen möchtest, empfiehlt es sich, dass Du Dich zunächst auf einem Flohmarkt, in einem Second- Hand-Store oder auf einer Second-Hand- Plattform im Internet, wie beispielsweise Kleiderkreisel, umsiehst. Hier kannst Du nicht nur das ein oder andere Schnäppchen finden, was Dich wesentlich günstiger zu stehen kommt als wenn Du es neu im Laden kaufen würdest – sondern sogar auch Dinge für Dein Baby finden. Gerade die Erstausstattung, aus der Dein Baby sehr schnell herauswächst, kannst Du günstig auf speziellen Kinderflohmärkten oder auf Plattformen, wie beisp elsweise Mami Kreisel, finden.

Auch kannst Du Dich einmal innerhalb Deiner Familie oder Deinem Freundeskreis bei Personen umhören, die bereits mit ihrer Kinderplanung abgeschlossen haben, ob sie nicht das ein oder andere für Dich haben, was Du Dir ausleihen darfst - sicherlich werden auch viele Leute aus Deinem Bekanntenkreis bereits von sich aus auf Dich zukommen und Dir etwas anbieten. Wenn Du allerdings planst, mehrere Kinder zu bekommen, so empfiehlt es sich, dass Du die Dinge einmalig anschaffst und dann für Deine nachfolgenden Kinder noch einmal verwendest.

» Kaufe nicht zu viel Umstandsmode.

Zwar ist Umstandsmode die wohl einzige Kleidung, die speziell auf Dich während Deiner Schwangerschaft zugeschnitten ist, jedoch kannst Du innerhalb der ersten Monate Deiner Schwangerschaft problemlos Deine normale Kleidung weitertragen, denn die körperlichen Veränderungen während der ersten Schwangerschaftsmonate sind noch eher gering.

Selbst, wenn Dir Deine Lieblingsjeans irgendwann nicht mehr passen sollte, kannst Du Dir zu Beginn noch mit einem Hosengummi weiterhelfen, welches Du um den Knopf Deiner Hose bindest – so kannst Du auch diese zunächst noch weitertragen ohne Dir Umstandsmode kaufen zu müssen.

Bei Oberteilen solltest Du generell nicht auf die spezielle Umstandsmode zurückgreifen, denn ein normales Oberteil, welches Du Dir lediglich eine Nummer größer kaufst, ist vollkommen ausreichend – ganz neben der Tatsache, dass Dir dieses im Wiederverkauf nach Deiner Schwangerschaft auch mehr Geld einbringen wird als es Umstandsmode tun würde. Du kannst also problemlos eine recht lange Zeit damit warten, wirklich spezielle Umstandsmode zu kaufen. Und wenn der Zeitpunkt gekommen ist, an dem dies unumgänglich ist, so entscheidest Du Dich am besten für Umstandsmode, die zugleich auch optimal für das Stillen geeignet ist – denn so kannst Du Dir auch den Kleidungskauf mit zum Stillen geeigneten Oberteilen sparen.

» Beziehe Deine Familie bei Anschaffungen sowie großen Investitionen mit ein.

Gerade in der Anfangszeit stehen viele Anschaffungen für Dein Baby an – ob es die Babyschale, der Hochstuhl, der Kinderwagen oder doch die erste Kleidung für Dein Baby ist. Wenn Du all diese Beträge zusammenrechnest, ergibt sich daraus schon eine beträchtliche Summe.
Vielleicht hast Du auch Menschen in der Familie oder Deinem Freundeskreis, die sich von sich aus bereits anbieten, dir ein wenig zu helfen und sich darüber freuen, dass sie ein wenig etwas für Dein Baby beitragen können. Auf diese Weise kann auch jeder aus Deinem Bekanntenkreis selbst entscheiden, was im Rahmen seiner Möglichkeiten steht um

Dich mit Deinem Baby zu unterstützen. So können auch bereits kleine handgemachte Dinge wie eine Babydecke Dir vielleicht schon weiterhelfen.
Um das Ganze ein wenig strukturierter anzugehen kannst Du beispielsweise auch auf Amazon eine Babywunschliste anlegen, in der Du die Dinge speicherst, die Du vor allem kurz vor der Geburt noch benötigst. Die Liste kannst Du dann ganz problemlos an alle versenden, die sich gerne beteiligen möchten und gelangst so auch noch an die letzten, benötigten Dinge.

» Lege Dir ein finanzielles Polster mit der 5-Euro-Sparmethode an.

Die 5-Euro-Sparmethode funktioniert ganz einfach und lässt Dich eine ordentliche Summe ansparen, ohne dass es Dir finanziell wirklich weh tut.
Bei der 5-Euro-Sparmethode geht es darum, dass Du jeden 5€-Schein, den Du bekommst, in ein Glas gibst. Dabei ist es auch vollkommen irrelevant auf welchem Weg Du zu dem 5€-Schein gekommen bist – ob über dem Bankautomaten, den Bäcker oder das Wechselgeld, welches Du bei einem Einkauf erhalten hast.
Stelle das Glas für Deine 5€-Scheine am besten an den Ort, an dem Du auch Dein Portemonnaie normalerweise ablegst, denn dann kannst Du direkt nach dem Heimkommen die Scheine aus Deinem Geldbeutel in das Glas legen.

Noch mehr Spaß wird Dir diese Methode vermutlich machen, wenn Du das Glas auch noch schön gestaltest.

» Lege monatlich einen festen Betrag Deines Geldes an die Seite.

Am besten ist es, wenn Du auf Deinem Konto einen Dauerauftrag abrechnest, der nach Deinem Gehaltseingang beziehungsweise direkt zu Beginn des Monats einen gewissen Geldbetrag von Deinem Girokonto auf Dein Sparkonto umbucht. Auf diesem Weg steht Dir das Geld während des Monats gar nicht erst zur Verfügung und Du bist fast schon dazu gezwungen, mit dem übrigen Geld zu haushalten.
Wenn Du magst kannst Du Dein Geld auch mit Challenges ansparen, beispielsweise indem Du jeden Monat einen Euro mehr ansparst. Das heißt in der ersten Woche der Challenge legst Du 1€ zur Seite, in der zweiten Woche legst Du 2€ zur Seite, in der sechsten Woche legst Du 6€ zur Seite und so weiter... Wenn Du das Ganze konsequent verfolgst kannst Du innerhalb von 52 Wochen ganze 1.378 Euro ansparen.
Auf diese Weise macht das Geld sparen vielleicht sogar Spaß.

» Lösche alle Shopping-Apps von Deinem Handy.

Die Shopping-Apps, die Du auf Deinem Handy hast, können sehr verführerisch sein – nur einmal einen Blick hineingeworfen und schon findest Du mindestens ein Teil in Deinem

Warenkorb wieder. Um dies zu vermeiden ist es ratsam, dass Du die Shopping-Apps von Deinem Handy löschst und wenn Du wirklich (!) einmal etwas bestellen musst, was Du auch wirklich (!) benötigst, dann kannst Du immer noch Dein Internet nutzen oder einen Einzelhändler aufsuchen.

» Kaufe günstigere Lebensmittel.

Wenn Du Deine Lebensmittel fortan nicht mehr im teuren Supermarkt einkaufst, sondern lieber den Weg zum Discounter wählst, kannst Du bei Deinen Lebensmitteleinkäufen einiges sparen.

Am besten entscheidest Du Dich auch für einen gesamten Wocheneinkauf anstatt jeden Tag den Supermarkt Deines Vertrauens aufzusuchen, denn auch so kannst Du ein paar Euros sparen – genauso, wie wenn Du Dich fortan nicht mehr für die teuren Markenprodukte sondern für die Produkte der Eigenmarke des Discounters entscheidest – schließlich benötigst Du nicht das teure Toilettenpapier, was in derselben Qualität auch von der Eigenmarke erhältlich ist.

» Gehe weniger auswärts essen und bestelle weniger bei Lieferdiensten.

Wenn Du von jetzt an mehr Wert darauf legst, Deine Mahlzeiten selbst zuzubereiten und dementsprechend auch weniger Essen über Lieferdienste bestellst, hast Du bereits ein großes Einsparpotenzial.
Gerade in Großstädten kann es besonders einfach sein, schnell einmal die App oder Internetseite einer der Lieferdienste zu öffnen und sich etwas herauszusuchen, was immerhin keinen Aufwand bedeutet – teuer ist es allerdings dennoch, weshalb Bestellungen bei Lieferdiensten eine absolute Ausnahme bleiben sollten.
Auch Dein Frühstück sowie Dein Mittagessen solltest Du bereits Zuhause vorbereiten und einfach mit auf die Arbeit nehmen anstatt Dir unterwegs etwas von der Bäckerei oder sonstigen Shops zu kaufen, die auf Deinem Weg liegen. Zwar mag das gerade zu Beginn eine Umstellung bedeuten, allerdings kannst du Dir dadurch auch enorm viel Geld sparen – und auch die Lebensmittel, die Du Zuhause hast, verbrauchst Du viel eher und sie landen deutlich weniger im Abfall.

» Kaufe Dir einen Soda Stream.

Mit einem Soda Stream kannst Du das Einkaufen der vielen Getränkekisten vermeiden und sparst Dir auf diesem Weg nicht nur Geld, sondern auch das schwere Herumtragen der Getränkekisten.

Zwar hast Du mit einem Soda Stream eine anfängliche Investition, die Dich auf den ersten Blick etwas mehr kosten mag, doch diese Investition zahlt sich bereits nach kurzer Zeit aus. Eine Sauerstoffpatrone zum Nachfüllen des Soda Streams kostet Dich im Handel zwischen 7 und 10 Euro, hält dafür allerdings auch für das Aufsprudeln von bis zu 60 Litern Wasser.

» Nutze das Angebot von kostenlosen Babypaketen und Gratisproben für Dein Baby.

Viele Anbieter bieten Dir kostenlose Babypakete sowie Gratisproben für Dein Baby an, welche Du problemlos für Dich beanspruchen kannst. Ob Babyhändler, Drogeriemärkte oder auch andere Einzelhändler – bei vielen von ihnen kannst Du einmalige Geschenke sowie Produktproben erhalten oder sogenannten Babyclubs beitreten, wo Du spezielle Willkommensgeschenke und weitere tolle Dinge erhältst.

Babyclubs, Babypakete, Geschenke und Gratisproben

Viele Anbieter bieten für schwangere Frauen und ihre Babys einmalige Geschenke sowie Produktproben, um sie als Kundinnen für sich zu gewinnen. Andere Anbieter wiederum bieten Dir sogenannte Babyclubs an, bei denen Du durch Prozente und spezielle Aktionen Geld sparen kannst. Auch sie zielen in erster Linie auf die Kundengewinnung ab – aber warum solltest Du das nicht für Dich nutzen um tolle Produkte für Dein Baby umsonst zu bekommen?

Einmalige Geschenke und Produktproben

» Aptawelt

Bei Aptawelt reicht es aus, dass Du den Newsletter abonnierst um ein kostenloses Schnuffeltuch von Sigikid zugesendet zu bekommen. Wenn Du darüber hinaus bei der Einverständniserklärung bei dem ersten Punkt einen zusätzlichen Haken setzt, so erhältst Du zusätzlich zu dem Schnuffeltuch auch noch Gratisproben von Pampers zugeschickt.

» Babywalz

Bei Babywalz hast Du die Möglichkeit einen einmaligen 10€-Willkommensgutschein zu erhalten.

» Felicitas

Die Geschenke, die Du bei Felicitas erhältst, können immer variieren – grundsätzlich erhältst Du allerdings eine spannende Eltern-Zeitschrift und Schokolade, einen Babylöffel, ein Kuscheltier für Dein Baby, einen Schnuller und noch vieles mehr. Allerdings wird Dir ein Abo der Eltern-Zeitschrift angeboten, welches Du jedoch nicht zwingend annehmen musst. Von Felicitas wird Dir darüber hinaus auch noch eine Rabattsammelkarte angeboten, die Du für rund 35€ erwerben kannst du – dafür erhältst Du jedoch im Gegenzug auch ein hochwertiges Präsent von Felicitas.

» Folio Familie

Bei Folio Familie erhältst Du ein kostenloses Baby- und Stilltagebuch, neben einem interessanten Ernährungsratgeber.

» Holle Babyclub

Der Holle Baby Club bietet Dir kostenlose Produktproben. Außerdem kannst Du auch an exklusiven Gewinnspielen teilnehmen und den Ernährungsratgeber lesen.

» Jako-O

Bei Jako-O kannst Du einen Mitwachsbody geschenkt bekommen, der als Produktprobe für die Produkte von Jako-O steht und Dich von der Qualität überzeugen soll. Des Weiteren wird Dir auch noch der Jako-O-Katalog zugeschickt.

» Limango

Limango bietet Dir die Chance eine Baby Box inklusive einer Babydecke im Wert von etwa 35€ zu gewinnen.

» Milupa

Wenn Du Dich bei MyMilupa anmeldest, kannst Du bereits nach kurzer Zeit ein Probepaket in der Hand halten, in dem Produkte der gesamten P&G-Gruppe enthalten sind – darunter beispielsweise auch Produkte von Pampers.

» Pixum

Pixum bietet Dir 50 Gratisabzüge Deiner Lieblingsfotos und darüber hinaus noch Rabatte auf ausgewählte Fotoprodukte.

Babyclubs

» Amazon

Den Vorteil des Babyclubs von Amazon kannst Du nur dann in Anspruch nehmen, wenn Du eine Prime-Mitgliedschaft besitzt. Allerdings kannst Du unter dieser Voraussetzung neben 20% Rabatt auf Windel Abos auch von einer tollen gratis Baby box profitieren, in dem Du Baby- Produkte im Wert von 25€ über Deine Baby- Wunschliste einkaufst. In dir Baby Box sind
im Gegenzug neun Produkte enthalten, die einen Gesamtwert von über 30€ haben.

» Bebivita Club

Als Dankeschön für Deine Anmeldung im Bebivita Club erhältst Du nach der Geburt Deines Babys ein Willkommenspaket, in dem Du kostenlose Produktproben für Dein Baby findest – so zum Beispiel Gratisproben von Bebivita wie Babynahrung und Milchnahrung. Außerdem enthalten sind auch hilfreiche Tipps um Dein Baby gesund zu ernähren sowie Gutscheine und ein personalisierter Brief mit dem Namen Deines Babys.

Im Bebivita Club hast Du die Möglichkeit ein tolles Familien-Fotoshooting zu gewinnen und von tollen Partnervorteilen wie beispielsweise Vergünstigungen zu profitieren. Außerdem finden regelmäßig Fotowettbewerbe statt, bei denen Du tolle Preise gewinnen kannst – auch kannst Du am Sonnen-Sammel-Spiel teilnehmen, wo Du monatlich ansprechende Produktpakete gewinnen kannst.

Außerdem enthält der Club einen Online Flohmarkt, in dem Du kostenlos Dinge einstellen und sie so verkaufen kannst.

Darüber hinaus erhältst Du interessante Elternbriefe, in denen sowohl Informationen als auch Tipps rund um das erste Jahr mit Deinem Baby zu finden sind.

» Budni Babyclub

Das Begrüßungsgeschenk, welches Du bei Deiner Anmeldung im Budni Baby Club erhältst, besteht aus Einkaufsvorteilen sowie tollen Produktproben, die Du in Deiner Budni-Filiale abholen kannst. Meldest Du Dich bereits innerhalb Deiner Schwangerschaft an, so erhältst Du per Post einen Coupon für eine gratis Packung Budni Baby Newborn Windeln, die Du ebenfalls in Deiner Filiale abholen kannst.

des Weiteren profitierst Du im Baby Club von persönlicher Post, die Ideen, Geschenke und weitere Einkaufsvorteile einschließt.

Für die Anmeldung erhältst Du zudem 5.000 Bonuspunkte und für alle Baby- sowie Kinderprodukte 2-fache Bonuspunkte.

» DM Glückskind Coupon-App

Die Glückskind Coupon-App von DM bietet Dir regelmäßig interessante Coupons an, die Du problemlos in Deiner DM-Filiale einlösen kannst. Außerdem erhältst Du für die Anmeldung im dazugehörigen Baby Club auf das Alter Deines Kindes abgestimmte Willkommensgeschenke. Wenn Du Dich bereits in der Schwangerschaft anmeldest, kannst Du von allen Geschenken profitieren.

Als Geschenk für Deine Anmeldung während Deiner Schwangerschaft erhältst Du einen praktischen Schal, den Du zunächst als modisches Accessoire und später dann als Stillschal verwenden kannst. Zur Geburt Deines Babys sowie bei der Anmeldung eines Kindes bis zu einem Alter von einem Jahr erhältst Du ein kleines Glückskind-Köfferchen, in dem Du nicht nur tolle Produkte findest sondern auch vier Glückskarten, die Du in Verbindung mit besonderen Babyfotos bringen kannst sowie nützliche Informationen. Wenn Du die Anmeldung zum Baby Club erst tätigst, wenn Dein Kind bereits über einem Jahr alt ist, erhältst Du lediglich noch ein Geschenk, welches dennoch etwas Besonderes ist. Das in diesem Paket enthaltene Geschenk ist dabei ein Pocketalbum, in dem Du die schönsten 36 Fotos Deines Babys festhalten kannst.

Und wenn Du Dich bereits während Deiner Schwangerschaft anmeldest, erhältst Du neben dem Glückskind-Köfferchen zur

Geburt Deines Babys auch noch einen Coupon für eine gratis Packung mit Baby Love Windeln.
Doch damit nicht genug, zu jedem Geburtstag Deines Babys erhältst Du pünktlich einen abgestimmten Newsletter, der nicht nur Tipps für die Geburtstagsfeier enthält sondern auch Coupons, die Du aber auch in der App erhalten kannst. Zusätzlich erhältst Du dann noch ein tolles Geburtstagsgeschenk innerhalb des Newsletters oder auch der App, welches Du dann ganz einfach in Deiner DM-Filiale abholen kannst.
Außerdem bietet Dir der Baby Club von DM tolle Gewinnspiele, bei denen Du interessante Preise gewinnen kannst sowie die Möglichkeit Produkttester für Babyartikel und Kinderprodukte zu werden.
Auch erhältst Du Checklisten, Ratgeber und Rezepte, die Dich von Deiner Schwangerschaft bis hin zur Pubertät Deines Kindes begleiten werden.

» Globus Weltentdecker Club

Wenn Du Dich für den Weltentdecker Club von Globus anmeldest, profitierst Du nicht nur von einer einmaligen Willkommensüberraschung, sondern erhältst darüber hinaus bis zum fünften Geburtstag Deines Kindes tolle Geschenke, die Du dann in Deinem Globus-Markt abholen kannst.
Als Clubmitglied erhältst Du zudem den Newsletter sowie regelmäßig ansprechende Coupons und Rabatte.

» HiPP Mein BabyClub

Wenn Du Dich schon zu Beginn Deiner Schwangerschaft für den Baby Club von HiPP anmeldest, kannst Du von fünf interessanten Produktpaketen profitieren, die Dich von dem Beginn Deiner Schwangerschaft bis zum ersten Geburtstag Deines Babys begleiten werden.
Das erste Produktpaket kannst Du zwischen Deinem ersten und vierten Schwangerschaftsmonat erhalten, darin enthalten sind neben einem tollen Schwangerschaftskalender auch Informationen rund um die ersten Monate Deiner Schwangerschaft.
Das zweite Produktpaket, welches Du dann zwischen dem vierten und neunten Monat Deiner Schwangerschaft zugesendet bekommst, findest Du neben einem Babysanft Waschgel und einer pflegenden Wundschutzcreme auch einen Greifling der Marke Jako-O. Außerdem enthalten ist eine Broschüre mit dem Namen „Schön schwanger“, die Informationen rund um die Ernährung und Pflege Deines Babys enthält.
Zum Beginn des zweiten Monats Deines Babys sendet Dir HiPP eine Geschenkbox zu, in der neben der Broschüre „Viel Liebe, viel Glück und viele Fragen“ mit vielen Informationen rund um die ersten Monate nach der Entbindung auch ein Thermometer für das Babyfläschchen enthalten. Außerdem sind in der Geschenkbox auch Vorteile der Commerzbank für die Eröffnung eines Sparbuches für Dein Baby enthalten.
Das vorletzte Babypaket, welches Du zum vierten Monat zugesendet bekommst, umfasst einen personalisierten Aufkleber für Dein Auto sowie einen Einkaufskalender und einen interessanten Ernährungs-ratgeber. Außerdem enthalten sind auch

noch eine Produktprobe für Dein Baby inklusive eines Löffelchens und ein Gutscheinheft.
Das letzte Babypaket erhältst Du dann zum ersten Geburtstag Deines Babys. Das Geburtstagspaket enthält HiPP-Produkte, verschiedene Gutscheine und noch weitere Geschenke.
Als Mitglied des HiPP-Baby Clubs profitierst Du zudem von regelmäßigen Online- Gutscheinen, Rabatten, Geschenken von unterschiedlichen Partnern, Vergünstigungen und weitere Vorteile für Freizeitparks und Zoos sowie exklusive Spar- Vorteile bei Bestellungen, die Du direkt bei HiPP tätigst.

» Humana Baby-Post

Bei der Humana Baby-Post kannst Du Dich erst ab dem sechsten Schwangerschafts-monat anmelden, allerdings erhältst Du dort für Deine Anmeldung ebenfalls ein kleines Willkommensgeschenk, welches aus einem herunterladbaren eBook mit liebevoll gestalteten Gute-Nacht- Geschichten besteht.
Du kannst im Rahmen der Baby-Post an Gewinnspielen teilnehmen und von Aktionen sowie Produktproben profitieren.
Außerdem steht Dir eine kostenlose Elternberatung per E-Mail oder auch über das Telefon zur Verfügung.
Im Onlinebereich der Humana Baby-Post sind neben Checklisten und Gute-Nacht- Geschichten auch Kinderlieder und Spieleideen für Kinder enthalten.

» MAM-Club

Der MAM-Club umfasst nicht nur den monatlich versendeten Newsletter, sondern schenkt Dir auch einen Schwangerschaftskalender sowie einen monatlichen Baby-Entwicklungskalender. Darüber hinaus hast Du als Clubmitglied die Möglichkeit an Gewinnspielen teilzunehmen und von den Vorteilsaktionen wie beispielsweise Gutscheinen für Kinderhotels, Produkttests sowie einem einmaligen 20%-Willkommensgutschein zu profitieren.

Als Dankeschön für Deine Registrierung im MAM-Club erhältst Du einen Gutschein für ein Kinderhotel in Deutschland, Österreich oder Südtirol im Wert von 40€.

» Müller meinBaby

Sobald Du Dich für den mein Baby Club von Müller anmeldest, erhältst Du ein Willkommensgeschenk mit Coupons und Einkaufsgutscheinen.

Außerdem erhältst Du durch den Newsletter immer neue Informationen und kannst von Einkaufsvorteilen profitieren. Im Mein Baby Ratgeber kannst Du zudem spannende Tipps & Tricks finden während Dich im Mitgliederbereich Coupons und Gewinnspiele erwarten.

Darüber hinaus erhältst Du zu den Geburtstagen Deines Babys großartige Überraschungen und kannst Dich bei Fragen an die hilfreiche Mütterberatungshotline wenden, die Dir kostenlos zur Verfügung steht.

» Nestlé Babyservice

Du kannst Dich bis zum achten Monat kostenlos für den Babyservice von Nestlé anmelden und erhältst dann neben regelmäßiger Club-Post über Deine E-Mail ein Knistertuch als Willkommensgeschenk. Außerdem kannst Du von Produktproben profitieren und nach Deiner Anmeldung an der monatlich stattfindenden Verlosung eines Geschenkpaketes teilnehmen, welche unter allen Neuregistrierungen verlost wird.
Auf der Webseite stehen Dir außerdem praktische Hilfstools zur Verfügung.

» Pampers

Pampers schenkt Dir einen Gutschein für ein Fotobuch des Anbieters Poster XXL im Wert von 19€. Zudem erhältst Du hier in regelmäßigen Abständen interessante Coupons und kannst Dich in einem Infoportal für Schwangere und Eltern nach neuen, spannenden Informationen und Themen umschauen.

» Real,- Meine Familie

Als Mitglied von Real,- Meine Familie kannst Du von wechselnden Aktionen wie beispielsweise kostenlosen, personalisierten Wunderbärchen- Autoaufklebern profitieren.
Darüber hinaus erhältst Du zur Geburt Deines Babys ein Begrüßungspaket – bunt gefüllt mit tollen Produkten, wie zum Beispiel Babysöckchen, Bübchen Kindershampoo oder auch Pampers Feuchttüchern. Außerdem bekommst Du einen Begrüßungsgutschein per Post zugesendet, der Dir 10% Rabatt auf

das gesamte Sortiment ermöglicht. Zudem erhältst Du neben Geburtstagspost auch regelmäßig ansprechende Gutscheine.

» Rossmann Babywelt

Als Clubmitglied von Rossmanns Babywelt erhältst Du unterschiedliche Produktpakete – auch hier lohnt es sich, wenn Du Dich bereits während Deiner Schwangerschaft anmeldest, denn dann erhältst Du bereits Dein erstes Produktpaket gefüllt mit einer tollen Vorfreude-Tasche, die abwechslungsreiche Gratis-Produkte sowie Proben enthält.
Weitere Produktpakete erhältst Du zur Geburt Deines Babys sowie zu seinem ersten und zweiten Geburtstag.
Das Hurra-Paket, welches Du nach der Geburt zugeschickt bekommst, enthält Gratis-Proben, einen Ratgeber sowie viele weitere Vorteile – und vor allem ein kuscheliges Geschenk für Dein Baby.
Die Vorfreude-Tasche sowie das Hurra- Paket musst Du allerdings noch selbst in Deiner Rossmann-Filiale abholen, während Dir die Geburtstagspost zugesendet wird.
Außerdem erhältst Du postalisch auch das Baby Welt Magazin, in dem Du viele interessante Informationen erhältst.
Als Baby Welt Clubmitglied werden Dir des Weiteren auch regelmäßig Coupons und Rabatte angeboten sowie ein dauerhafter Rabatt von 5% im Onlineshop.

» SPIELE MAX Babyclub

In diesem Baby Club werden Dir viele Einkaufsvorteile geboten – in erster Linie kannst Du hier von einem dauerhaften 3%- Rabatt auf Deine Einkäufe profitieren.

Darüber hinaus erhältst Du ein einmaliges Willkommensgeschenk sowie Hinweise und Tipps.

Abschließende Worte

In diesem Ratgeber konntest Du nun alle relevanten Aspekte kennenlernen, die mit einer Schwangerschaft einhergehen.

Nutze die enthaltenen Tipps und setze sie um, um optimal auf Deine Schwangerschaft vorbereitet zu sein und diese ebenso gut vorbereitet zu durchleben.

Nimm die in Angriff und probiere es zumindest einmal aus – denn wenn Du auch die hier enthaltenen Spartipps nicht wenigstens einmal versucht, umzusetzen, wirst Du nie erfahren, ob sie Dich nicht vielleicht Doch weitergebracht hätten.

Mach Dich bereit für die neun wohl schönsten und aufregendsten Monate, die Dir nun bevorstehen werden.

Haftungsausschluss

Der Inhalt dieses Buches wurde mit großer Sorgfalt geprüft und erstellt. Für die Vollständigkeit, Richtigkeit und Aktualität der Inhalte kann jedoch keine Garantie oder Gewähr übernommen werden. Der Inhalt dieses Buches repräsentiert die persönliche Erfahrung und Meinung des Autors und dient nur dem Unterhaltungszweck. Der Inhalt sollte nicht mit medizinischer Hilfe verwechselt werden. Es wird keine juristische Verantwortung oder Haftung für Schäden übernommen, die durch kontraproduktive Ausübung oder durch Fehler des Lesers entstehen. Es kann auch keine Garantie für Erfolg übernommen werden. Der Autor übernimmt daher keine Verantwortung für das Nicht-Erreichen der im Buch beschriebenen Ziele.

Impressum

Hast Du Fragen oder Anregungen, die Du mir gerne persönlich mitteilen möchtest?

Karolina Miller
Immegastraße 13
26835 Hesel
Deutschland

Printed in Germany
by Amazon Distribution
GmbH, Leipzig

17797360R00174